佛·教·十·三·经

坛经

赖永海 主编

尚　荣 译注

中华书局

图书在版编目(CIP)数据

坛经/尚荣译注. —北京:中华书局,2010.5(2024.2重印)
(佛教十三经/赖永海主编)
ISBN 978-7-101-07372-0

Ⅰ.坛… Ⅱ.尚… Ⅲ.①禅宗-佛经-中国-唐代②坛经-译文③坛经-注释 Ⅳ.B946.5

中国版本图书馆 CIP 数据核字(2010)第 061745 号

书　　　名	坛　经	
译 注 者	尚　荣	
丛 书 名	佛教十三经	
丛 书 主 编	赖永海	
责 任 编 辑	刘胜利	
责 任 印 制	管　斌	
出 版 发 行	中华书局	

(北京市丰台区太平桥西里 38 号　100073)
http://www.zhbc.com.cn
E-mail:zhbc@zhbc.com.cn

印　　　刷	三河市鑫金马印装有限公司	
版　　　次	2010 年 5 月第 1 版	
	2024 年 2 月第 21 次印刷	
规　　　格	开本/880×1230 毫米　1/32	
	印张 7　字数 80 千字	
印　　　数	146001-156000 册	
国 际 书 号	ISBN 978-7-101-07372-0	
定　　　价	17.00 元	

总　序

　　佛教有三藏十二部经、八万四千法门，典籍浩瀚，博大精深，即便是专业研究者，用其一生的精力，恐也难阅尽所有经典。加之，佛典有经律论、大小乘之分，每部佛经又有节译、别译等多种版本，因此，大藏经中所收录的典籍，也不是每一部佛典、每一种译本都非读不可。因此之故，古人有"阅藏知津"一说，意谓阅读佛典，如同过河、走路，要先知道津梁渡口或方向路标，才能顺利抵达彼岸或避免走弯路；否则只好望河兴叹或事倍功半。《佛教十三经》编译的初衷类此。面对浩如烟海的佛教典籍，究竟哪些经典应该先读，哪些论著可后读？哪部佛典是必读，哪种译本可选读？哪些经论最能体现佛教的基本精神，哪些撰述是随机方便说？凡此等等，均不同程度影响着人们读经的效率与效果。为此，我们精心选择了对中国佛教影响最大、最能体现中国佛教基本精神的十三部佛经，认为举凡欲学佛或研究佛教者，均可从"十三经"入手，之后再循序渐进，对整个中国佛教作进一步深入的了解与研究。

　　"佛教十三经"的说法，由来有自。杨仁山、梅吉庆以及中国佛学院都曾选有"佛教十三经"，所选经典大同小异。上述三家都选录的经典有：《金刚经》、《维摩诘经》、《法华经》、《楞伽经》、《楞严经》；被两家选录的经典有：《心经》、《胜鬘经》、《观经》、《无量寿经》、《圆觉经》、《金光明经》、《梵网经》、《坛经》。此外，《四十二章经》、《佛遗教经》、《解深密经》、《八大人觉经》、《大乘密严经》、《地藏菩萨本愿经》、《菩萨十住行道品经》、《大毗卢遮那成佛神变加持经》为一家所选录。本着以上所说的"对中国佛教影响最大、最能体现中国佛教基本精神"的原则，这次我们选择了以下十三部经典：《心经》、《金刚经》、《无量寿经》、《圆觉经》、《梵网经》、《坛经》、《楞严经》、《解深密经》、《维摩诘经》、《楞伽经》、《金光明经》、《法华经》、《四十二章经》。

　　佛教发展至今已有两千多年的历史，就其历史发展、思想内容说，有大乘、小乘之分。《佛教十三经》所收录之经典，除了《四十二章经》外，多为大乘经典。此中之缘由，盖因佛法之东渐，虽是大小二乘兼传，但是，小乘佛教在传入中国之后，始终成不了气候，且自魏晋以降，更是日趋式微；直到十三世纪以后，才有南传上座部佛教在云南一带的流传，且范围十分有限。与此相反，大乘佛教自传入中土后，先依傍魏晋玄学，后融汇儒家的人性、心性学说而蔚为大宗，成为与儒道二教鼎足而三、对中国社会各个方面产生着巨大影响的一股重要的社会思潮。既然中国佛教的主体在大乘，《佛教十三经》所收录的佛经自然以大乘经典为主。

　　对于大乘佛教，通常人们又因其思想内容的差异把它分为空、有二宗。空宗的代表性经典是"般若经"。中国所见之般若类经典,以玄奘所译之《大般若经》为最,有六百卷之多。此外还有各类小本"般若经"的编译与流传,其中以《金刚经》与《心经》最具代表性与影响力。

"般若经"的核心思想是"空"。但佛教所说的"空",非一无所有之"空",而是以"缘起"说"空",亦即认为,世间的万事万物,都是条件("缘"即"条件")的产物,都会随着条件的变化而变化。条件具备了,它就产生了("缘起");条件不复存在了,它就消亡了("缘灭")。世间的一切事物,都不是一成不变的,而是一个念念不住的过程,因此都是没有自性的,无自性故"空"。《金刚经》和《心经》作为般若经的浓缩本,"缘起性空"同样是其核心思想,但二者又进一步从"对外扫相"和"对内破执"两个角度去讲"空"。《金刚经》的"对外扫相"思想集中体现在"一切有为法,如梦幻泡影,如露亦如电,应作如是观"这个偈句上,对内破执则有"应无所住而生其心"这一点睛之笔。《心经》则是以"色不异空,空不异色;色即是空,空即是色;受想行识亦复如是"来对外破五蕴身,以"心无罣碍"来破心执。两部经典都从扫外相、破心著的角度去说"空"。

有宗在否定外境外法的客观性方面与空宗没有分歧,差别仅在于,有宗虽然主张"外境非有",但又认为"内识非无",倡"三界唯心"、"万法唯识",认为一切外境、外法都是"内识"的变现。在印度佛教中,有宗一直比较盛行,但在中国佛教史上,唯有玄奘、窥基创立的"法相唯识宗"全力弘扬"有宗"的思想,并把《解深密经》等"六经十一论"作为立宗的根据,《佛教十三经》选录了对"唯识宗"影响较大的《解深密经》进行注译。

《解深密经》的核心思想在论证一切外境外法与识的关系，认为一切诸法乃识之变现，阿赖耶识是生死轮回的主体，是万物生起的种子。经中还提出了著名的"三性"、"三无性"问题，并深入地论述了一切虚妄分别相与真如实性的关系。

与印度佛教不尽相同，中国佛教的主流或主体不在纯粹的"空宗"或"有宗"，而在大乘佛教基本精神与中国传统文化（特别是儒家心性学说）汇集交融而成的"真常唯心"思想，这种"真常唯心"思想也可称之为"妙有"的思想。首先创立并弘扬这种"妙有"思想的是智者大师创建的天台宗。

天台宗把《法华经》作为立宗的经典依据，故又称"法华宗"。《法华经》的核心思想，是"开权显实，会三归一"，倡声闻乘、缘觉乘、菩萨乘同归一佛乘，主张一切众生悉有佛性。《法华经》是南北朝之后，中国佛教走向以大乘佛教为主流的重要经典依据，也是中国佛教佛性理论确立以一切众生悉有佛性、都能成佛为主流的重要经典依据。而《法华经》的"诸法实相"也成为中国佛教"妙有"思想的重要思想资源和理论依据。

中国佛教注重"妙有"之思想特色的真正确立，当在禅宗。慧能南宗把天台宗肇端的"唯心"倾向推到极致，作为标志，则是《坛经》的问世。《坛经》是中国僧人撰写的著述中唯一被冠以"经"的一部佛教典籍，其核心思想是"即心即佛"、"顿悟成佛"。《坛经》在把佛性归诸心性、把人变成佛的同时，倡导"即世间求解脱"，主张把入世与出世统一起来，而这种思想的经典根据，则是《维摩诘经》。

《维摩诘经》可以说是对中国佛教影响最大的一部佛经，

不论是作为中国佛教代表的禅宗，还是成为现、当代佛教主流的人间佛教，《维摩诘经》中的"心净则佛土净"及"亦入世亦出世"、"在入世中出世"的思想，都是其最为重要的思想资源和经典依据。尤其值得一提的是，贯穿于整部《维摩诘经》的一根主线——"不二法门"，更是整个中国佛教的方法论依据。

《楞伽经》也是一部对禅宗、唯识乃至整个中国佛教有着重大影响的佛经。《楞伽经》思想有两个重要特点，一是融汇了空、有二宗，既注重"二无我"，又讲"八识"、"三自性"；二是把"如来藏"和"阿赖耶识"巧妙地统合起来。因此之故，《楞伽经》既是"法相唯识宗"借以立宗的"六经"之一，又被菩提达摩作为"印心"的依据，并形成一代楞伽师和在禅宗发展史颇具影响的"楞伽禅"。

《楞严经》则是一部对中国佛教之禅、净、律、密、教都有着广泛而深刻影响的大乘经典。该经虽有真、伪之争，但内容十分宏富，思想体系严密，几乎把大乘佛教所有重要理论都囊括其中，故自问世后，就广泛流行。该经以理、行、果为框架，谓一切众生都有"菩提妙明元心"，但因不明自心清净，故流转生死，如能修禅证道，即可成就无上正等正觉。这一思想对中国佛教的各宗各派都产生了极其深刻的影响。

《圆觉经》是一部非常能够体现中国佛教注重"妙有"思想特色的佛经。该经主张一切众生都具足圆觉妙心，本当成佛，无奈为妄念、情欲等所覆盖，才于六道中生死轮回；如能顿悟自心本来清净，此心即佛，无须向外四处寻求。该经所明为大乘圆顿之理，故对华严宗、天台宗、禅宗都有十分重要的影响。

《金光明经》对中国佛教的影响,主要体现在其"三身"、"十地"思想、大乘菩萨行之舍己利他、慈悲济世思想、金光明忏法及忏悔思想、以及天王护国思想。由于经中所说的诵持本经能够带来不可思议的护国利民功德,故长期以来被视为护国之经,在所有大乘佛教流行的地区都受到了广泛重视。

《无量寿经》是根据"十方净土"的思想建立起来的净土类经典,也是净土宗所依据的"三经"之一。经中主要叙述过去世法藏菩萨历劫修行成无量寿佛的经过,及西方极乐世界的种种殊胜。净土信仰自宋之后就成为与禅并驾齐驱的两大佛教思潮之一,到近现代更出现"家家阿弥陀,户户观世音"景象,故《无量寿经》在中国佛教史上的影响至为广泛和深远。

《梵网经》在佛教"三藏"中属"律藏",是大乘戒律之一,在中国佛教大乘戒律中,《梵网经》的影响最大。经中主要讲述修菩萨的阶位(发趣十心、长养十心、金刚十心和体性十地)和菩萨戒律(十重戒和四十八轻戒),是修习大乘菩萨行所依持的主要戒律。另外,经中把"孝"与"戒"相融通、"孝名为戒"的思想颇富中国特色。

所以把《四十二章经》也收入《佛教十三经》,主要因为该经是我国最早译出的佛教经典,而且是一部含有较多早期佛教思想的佛经。经中主要阐明人生无常等佛教基本教义和讲述修习佛道应远离诸欲、弃恶修善及注重心证等重要义理,且文字平易简明,可视为修习佛教之入门书。

近几十年来,中国佛教作为中国传统文化的重要组成部分,以其特殊的文化、社会价值逐渐为人们所认识,研究佛教者也日渐增多。而要了解和研究佛教，首先得研读佛典。然而，佛教名相繁复，义理艰深，文字又晦涩难懂，即便有相当文史基础和哲学素养者，读来也颇感费力。为了便于佛学爱好者、研究者的阅读和把握经中之思想义理，我们对所选录的十三部佛典进行了如下的诠释、注译工作：一是在每部佛经之首均置一"前言"，简要介绍该经之版本源流、内容结构、核心思想及其历史价值；二是在每一品目之前，都撰写了一个"题解"，对该品目之内容大要和主题思想进行简明扼要的提炼和揭示；三是采取义译与意译相结合的原则，对所选译的经文进行现代汉语的译述。这样做的目的，是希望它对原典的阅读和义理的把握能有所助益。当然，这种做法按佛门的说法，多少带有"方便设施"的性质，但愿它能成为"渡海之舟筏"，而不至于沦为"忘月之手指"。

赖永海
庚寅年春于南京大学

前　言

作为禅宗的宗经宝典,《六祖坛经》(亦称《坛经》)在中国佛教中占有特别重要的地位。它是绝无仅有的一本被称作是"经"的由中国僧人撰述的佛典。因为根据佛教的传统,只有记叙佛祖释迦牟尼言教的著作才能被称为"经",佛的弟子及后代佛徒的著作只能被称为"论"。以《坛经》冠名惠能(也作慧能)的言教,足见"六祖革命"后,中国佛教的变革风习,也足见《坛经》在中国佛教史上的地位之高,惠能禅宗影响之大。

一　《坛经》书名

关于《坛经》一名的缘由,"坛"原是指《坛经》的作者——禅宗六祖惠能于唐仪凤元年(676)出家受戒的戒坛,此戒坛原为南北朝刘宋时,印度僧人求那跋陀罗三藏创建,并立碑预言:"后当有肉身菩萨,于此受戒。"至梁天监元年(502),又有智药三藏从西竺国航海归来,带回菩提树一株种植于戒坛之畔,预言:"后一百七十年,有肉身菩萨,于此树下开演上乘,度无量众,真传佛心印法主也。"其后一如谶语所言,作为禅宗创始人的惠能于此阐扬佛法,将此"戒坛"更赋予了"法坛"的意义。惠能对当时的传统禅学进行了一系列根本性的变革,其影响之深,变化之巨,致使佛教史上誉称之为"六祖革命"。由此我们可知《坛经》之名中的"坛"乃取"法坛"之意;而"经"意是由于惠能门徒"视能如佛";惠能之法语,如同佛经,因此名为《坛经》。

二 《坛经》作者

惠能(636—713),唐代人,是中国佛教史上一位富于传奇色彩的人物。关于"惠能"一名的由来,据载:惠能刚出生时,曾有二异僧造谒,专为之安名,上惠下能:"惠者,以法惠施众生;能者,能作佛事"。这预示着惠能是因弘法而来,今后必将大兴佛法、惠施众生。"惠能"亦作"慧能",二者通用。佛教在使用上,"惠"是"施"义,"慧"则是"智"义,以"法""惠济众生",属"六度"中的布施,以"法""慧施众生",则是"六度"中的般若。

惠能俗姓卢,据大多数《坛经》本子中"本贯范阳"及《神会语录》载惠能"先祖范阳人也"可知,惠能祖籍范阳,即今河北、北京一带。父亲卢行瑫,母亲李氏。父亲原本为官,唐武德三年(620)被"左降迁流岭南"而贬为新州(今广东新兴)百姓。惠能三岁时遭父丧之劫难,从此家境"艰苦贫辛",稍长,不得不"于市卖柴",靠每日砍柴鬻柴维持生计。虽则身处贫贱,却早早地显示出卓尔不群、异于常人的风范。《曹溪大师别传》中说他"虽处群辈之中,介然有方外之志",显示了一代弘法大师的高远超迈的宏阔气象。

关于惠能出家的典故,历来有"闻经悟道"的记载:一日,惠能市集卖柴，偶听一客诵读《金刚经》，一闻便悟，经人指点后前往蕲州黄梅县（今湖北黄梅西北）东山寺参拜五祖弘忍大师，并开宗明义声称自己远来，"惟求作佛，不求余物"，显示出不凡的根器和超越常人的智慧。受到五祖明为叱责，实为考炼的问难："汝是岭南人，又是獦獠，若为堪作佛！"惠能以"人虽有南北，佛性本无南北。獦獠身与和尚不同，佛性有何差别"慨然作答，深契五祖弘忍之心，认定惠能根性大利，定下传授衣钵之心念。

"得传法衣"是惠能一生重要的事件，这缘于惠能所作的偈颂："菩提本无树，明镜亦非台。本来无一物，何处惹尘埃。"相比较于弘忍的上首弟子，当时已是教授师的上座神秀所作"身是菩提树，心如明镜台。时时勤拂拭，勿使惹尘埃"的"未见本性"的偈颂而言，前者深契心性常清净的旨趣，明了"一切万法，不离自性"的道理，令弘忍大为赞赏，是夜三更，五祖弘忍密召惠能，为其演说《金刚经》并密授衣法。由于六祖惠能的根器非凡，五祖弘忍的慧眼独具，导致了惠能成为禅宗六祖、行化曹溪、大开"东山法门"，创立了中国佛教史上影响最大的禅宗"南宗"，并对中国传统思想、社会生活、文化艺术等领域发生了重大的影响。

法衣的付予标志着尚未出家的惠能已经承继了禅宗传法衣钵，得到了禅宗宗主的地位，从而成为了第六代祖师。在广州法性寺，惠能以"风幡之议"为契机，在公众面前亮相，从此一鸣惊人，一举奠定其作为一代宗师的地位。

唐高宗仪凤元年（676）正月十五日，惠能在法性寺正式出家受戒，时年三十九岁。印宗法师为之剃发并请律师授戒。唐玄宗先天二年（713）八月，惠能示寂于新州国恩寺，春秋七十有六。是年十一月，六祖惠能大师的遗体被弟子迎回曹溪宝林禅寺，即今天的南华禅寺，寺内六祖殿现供奉有六祖惠能肉身像。

唐宪宗于元和十一年（816）下诏追谥惠能为"大鉴禅师"；北宋太平兴国元年（976），宋太宗加谥惠能为"大鉴真空禅师"；宋仁宗时，惠能又被追谥为"大鉴真空普觉禅师"。后来，宋神宗又追谥惠能为"大鉴真空普觉圆明禅师"。

惠能在中国禅宗的发展史上是一个划时代的人物，在佛教中国化过程中起到里程碑的作用，在中国思想文化史上是一个具有重大影响的历史人物。

三 《坛经》的内容与结构

《坛经》一书是六祖惠能在黄梅得法之后回到南方，于曹溪宝林寺住持期间，应韶州韦刺史的邀请，在韶州大梵寺讲堂为僧俗一千余人说法，门人对其说法内容进行的记录和整理。全书叙述了惠能学佛的缘由和行历，概括了惠能的主要思想，记载了其圆寂前对禅宗宗旨的总结，主要描述了惠能如何由一个不识文字的砍柴少年最终成为一代禅宗宗师的过程，通过这一脉络，阐明了禅宗的具体传承、南宗的禅法，以及南宗对般若、定慧、坐禅、顿渐、一行三昧、无相、无住、无念等问题的解释。

全书内容分为三部分：首先是惠能自述生平，基本反映惠能出身贫苦、黄梅得法、南归传禅的主要事迹；其次是惠能弘法所说内容，即其如何以空融有、直了心性、顿悟成佛的禅学思想和禅法特色;最后是惠能弟子对大师的请益以及他与弟子的问答。印顺法师在《中国禅宗史》中总结道:"惠能在大梵寺,'说摩诃般若波罗密法,授无相戒'。传说由弟子法海记录,为《坛经》主体部分。这在惠能生前,应该已经成立了。等到惠能入灭,于是惠能平时所接引弟子的机缘,临终前后的情形,有弟子集录出来,附编于被称为《坛经》的大梵寺说法部分之后,也就泛称为《坛经》。这完成了《坛经》的原型,可称为'曹溪原本'。《坛经》的内容历代有所增删,尤其是最后部分多为在后来流传过程中所添加的内容,多是惠能弟子和以后的禅宗门人所作,但我们认为这些是对于惠能在大梵寺所说禅法的补充、延伸和发展,是为了迎合禅宗后来发展需要而产生的,是惠能后学在丰富和发展南宗禅法过程中集体智慧的积淀,也是符合禅宗基本思想内容的。从某种意义上讲,我们所称的惠能的《坛经》更适于称之为禅宗的《坛经》。"

《坛经》的主要思想可以概括为"即心即佛"的佛性论,"顿悟见性"的修行观,"自性自度"的解脱观。

四 《坛经》的版本与注疏

《坛经》自问世以来,由于其通俗易懂而得以风行天下,在广为流传的过程中经常有传抄讹误的现象发生,加之惠能门人和后学基于各种意图不断地进行修订和补充,导致《坛经》在其长期的流传过程中出现了许多不同的版本。

日本学者石井修道曾总结了十四种《坛经》版本;宇井伯寿《禅宗史研究》归纳了二十种《坛经》版本;杨曾文表列了近三十

种《坛经》版本。柳田圣山所编的《六祖坛经诸本集成》收集中日两国十一个不同的版本等等。但是在众多的版本中，经过专家学者的梳理，有了大致相同的看法。

郭朋认为"真正独立的《坛经》本子仍不外乎敦煌本（法海本）、惠昕本、契嵩本、宗宝本这四个本子，其余，都不过是这四种本子中的一些不同翻刻本或传抄本而已"。

日本学者田中良昭在《坛经典籍研究概史》一文中认为：目前，《坛经》的版本系统，依驹泽大学禅宗史研究会所刊行之《惠能研究》，约可以分为五种：一、敦煌本；二、惠昕本；三、契嵩本；四、承继敦煌本系古本与契嵩本而再编的德异本；五、主要承接契嵩本而再编的宗宝本。

洪修平认为"根据我们的研究，现有《坛经》真正有代表性的其实只有敦煌本、惠昕本和契嵩本三种，因为德异本和宗宝本实际上都是属于契嵩本系统的。但由于宗宝本是明代以来的通行本，所以……仍然把它作为一个独立的本子"。

王月清在其注评的《六祖坛经》一书中认为《坛经》在流传过程中，内容不断变化，迄今异本不下十几种，其中最有代表性的有：1. 敦煌本，2. 惠昕本，3. 契嵩本，4. 德异本和曹溪原本，5. 宗宝本。本文从此说，分别介绍这五个版本的概况：

1. 敦煌本。

敦煌本是现存最早的《坛经》版本，由于下署"兼受无相戒弘法弟子法海集记"，故而又称"法海本"。郭朋认为："比较起来，法海本坛经，基本上确可以说是惠能语录。敦煌写本是《坛经》版本中的主要系统之一，存世的敦煌写本共有六种：旅顺博物馆藏敦煌写经本残片（旅本）；敦煌斯坦因本（斯本）；北京图书馆藏敦煌写本（北本）；敦煌县博物馆本（敦博本）；方广锠发现北京图书馆藏敦煌写本残片（方本）；西夏文写本残片（西夏本）。

2. 惠昕本。

惠昕本分上下两卷共十一门，约一万四千余字。该本大约改编于晚唐或宋初，胡适称之为"人间第二最古的《坛经》"，由于它最早发现于日本京都兴圣寺，又称"兴圣寺本"。兴圣寺的惠昕本题为《六祖坛经》，从前面的"依真小师邑州罗秀山惠进禅院沙门惠昕述"的署名可知此本的编者为晚唐（或说宋初）的惠昕和尚，并且他说明了在编纂时对《坛经》有所削删。

3. 契嵩本。

全称《六祖大师法宝坛经曹溪原本》，约成书于宋仁宗至和三年（1056），一卷计十品，约两万余字，由宋代高僧契嵩改编。现存的是明代的本子，故也称"明藏本"或"曹溪原本"，从宋代工部侍郎郎简所作的《六祖坛经序》中的记载，我们知道这已经不是契嵩改编的那个本子了，为了指称明确，与其他的明藏本区别开来，我们仍约定俗成地称之为契嵩本。序中也介绍了这个本子是契嵩辛辛苦苦觅来的如实记载六祖大师言论的古本，后由工部侍郎郎简出资模印。

4. 德异本和曹溪原本。

这两个本子基本上是源出于契嵩本，德异本题名为《六祖大师法宝坛经》，也是一卷十品，从序言中推断刊行于元至元二十七年（1290）。其编撰缘起为：在元代末年，僧人德异声称自已发现了《坛经》古本并着手刊印。杨曾文说:"从明代开始,被称为'曹溪古本'的,也就是德异本。而德异本,很可能就是契嵩本。"即德异从通上人处得到的"古本",很有可能是真正的契嵩改编本,假如德异在改编时没再增删,那么这个德异本可能就是契嵩本。

5. 宗宝本。

宗宝本几乎是明代以后唯一的流行本,从内容上看,也是属于契嵩改编本这个系统,全本一卷十品,共计约两万多字。约成于元世祖至元二十八年(1291),为元代光孝寺僧人宗宝改编。宗宝将三种《坛经》版本合校,编订了一个新的版本,题名为《六祖大师法宝坛经》,编撰者宗宝在跋文中声明他对《坛经》错讹之处进行了改正,简略之处进行了增补,还明确提到附加了惠能与弟子的问答。根据校对可以看出,宗宝对《坛经》的改动主要在:首先,将古本中四个字的章节名称改为两个字;其次,将古本第一章分为两章,将第九章、第十章合并为一章,在有些章节内,也有部分移动、分割的现象。还有就是对正文有所增加和删减。这些改动当然引起了一些反对和批评,更由于它是明以后最流行的版本,具有不可取代的地位,故而引来的抨击更加强烈。但是我们认为由于宗宝所改编的本子具有品目齐整、语言流畅、通俗易懂、文学色彩浓、可读性强等优点而导致后来流行天下,这对《坛经》深入人心和社会推广都起到了莫大的功效,现在已经成为我们普遍认可的《坛经》版本了,本着尊重历史发展的态度,我们认为宗宝本的学术价值是巨大的。

比较这几个不同的《坛经》版本,我们可以看到,随着时间顺序的推近，《坛经》的字数不断在增加，从唐代的法海本有一万二千字左右到北宋的契嵩本和元代的宗宝本的二万以上的字数，时间越晚，字数越多，这说明了《坛经》在其发展流布中，被惠能门人和惠能后学不断添加增改，最终得以形成现在的面貌。这一点在惠昕和宗宝的序言中都有所交待，其实早在惠能去世后不久，就有修改或篡改《坛经》的现象出现。我们认为历代的篡改这一史实是确凿无疑的，但是，惠能门人及惠能后学出于对禅宗发展的推动、对禅宗南宗地位提升的需要，对《坛经》进行的增改，在今天看来都是合乎情理的，是历史的必然。它们已经成为禅宗禅学不可缺少的有机组成部分，值得我们今天去学习和研究。

另外，关于《坛经》的注疏，历来很多。比较重要的有契嵩的《法宝坛经赞》、天柱的《注法宝坛经海水一滴》五卷、袁宏道的《法宝坛经节录》、李贽的《六祖法宝坛经解》、亘璇的《法宝坛经要解》、益淳的《法宝坛经肯窾》五卷、青峦的《法宝坛经讲义》一卷、丁福保的《六祖法宝坛经笺注》一册等。近年来流行的是中华书局1983年出版的郭朋的《坛经校释》。

五 《坛经》与中国文化

"《坛经》不仅是中国思想史上一个重要的转换期，同时也是佛教对现代思想界一个最具有影响力的活水源头，它代表了中国佛教一种特殊的本质所在，也表现了中国文化，或者说中国民族性中一份奇特的生命智慧"。确实，作为禅宗的宗经宝典的

《坛经》对中国佛教乃至整个中国文化的发展和变化都产生了广泛和深远的影响。

从佛教发展内部而言，首先惠能在中国佛教史上引发了"六祖革命"，而产生的禅宗经过发展和壮大，最终成为中国佛教的代表。其次，《坛经》的思想对中国佛教思想的内在理路和架构也影响重大，包括了把传统佛教的真如佛变为心性佛、把传统佛教的佛度师度变为注重自性自度、把传统佛教强调修禅静坐变为注重道由心悟、把传统佛教强调经教变为注重不立文字和把传统佛教强调出世间求解脱变为注重即世间求解脱。

《坛经》中强调在世间求解脱的主张引发了传统佛教的人间化、生活化，并将世间法和佛法相结合、相统一。太虚大师的"人间佛教"正是遥接了这一主导思想顺势而起的。"人间佛教"即主张做人即是作佛，世间法皆是佛法，这正是与《坛经》思想相契合的，也正是《坛经》思想对中国佛教的影响在近代的表现。

除此，《坛经》也对中国传统思想文化有着一定的影响。《坛经》是中国佛学儒学化的代表作，它的最大特点是把佛性心性化、人性化。将印度佛教的真如、佛性、法性、如来等原本具有抽象本体性质的真心转变为众生当下鲜活的现实人心，建立了一个以当前现实人心为基础的心性本体论体系。《坛经》的心性论思想表明了惠能禅宗强调本自清净的自心圆满具足，其最终落实点是在自我的心性上，《坛经》中的心性问题直接导引了宋明理学的开端，启发了宋明儒学心性本体论的建构，促使儒家学说在宋明时期的自我转化和自我突破，使得中国传统哲学出现一次重大转折。

　　在中国文化艺术方面，《坛经》的影响作用亦不可忽视。作为中国古代文化之冠冕的诗、书、画所以特别注重"意境"、"气韵"，其中一个重要原因，是深受佛教注重"顿悟"的思维方式的影响。诗与禅都重视内心体验，重视启示与象征，都追求言外之旨、象外之意。另外，从历史来看，自唐代禅宗确立之后，禅就在诗歌创作中，在士人的心灵生活中产生了巨大影响。

　　书法可以说是中国人从最高境界落实到人伦日用、从抽象思维回归到形象世界的最直接途径和第一手段。禅与书法的关系，有学者认为是一种体用关系：禅为书之体，是书法的创作源泉；书为禅之用，是禅的最恰当的表现方式之一，二者的关系非常紧密。其实禅对书法艺术的影响是多方面、多向度的，有禅僧写书者，有书家习禅者；有艺术流派对禅宗形式上的借用和模仿，也有在书法创作品评上，与禅的审美意境和审美追求内在同构和互通，更有将禅定之意作为书家确立的书法创作心态和创作要旨。

　　禅宗哲学思想和思维方式也对中国绘画的创作和审美产生了深刻的影响。中国古代的画家常运用这样禅意的思维方式于绘画创作。另外，就绘画史而言，自唐代始，即有王维开创的文化画，王维本人潜心向佛并进一步以佛理禅趣入画，开创了中国禅意画之先河。到了明代，禅对中国绘画史产生了形式上最直接的影响，其结果就是董其昌南北宗论的提出，他倡导了中国历史上第一个绘画流派说。这一明显受禅宗南北宗之划分的影响而产生的理论，为中国书画的发展提供了新的理论基础，在以后产生了深远的影响。

　　佛教是一个注重形象宣传和教化功能的宗教，自汉代传入中土以来，为了进一步弘扬佛法，传播教义，与中国的文化艺术相结合，共同创生了宏大绚烂的佛教艺术文化。这一创造过程同时也是对中国文化艺术进行渗透、影响和改变的过程。

目 录

行由品第一

　　本品记叙了惠能大师在曹溪宝林寺时，应韶州刺史韦璩之邀于大梵寺为众生讲述自己的生平及得法因缘。通过讲述"闻经得悟"、黄梅参拜五祖等事由，暗示了南宗禅法与《金刚经》及"东山法门"的渊源。通过"人虽有南北，佛性本无南北，獦獠身与和尚不同，佛性有何差别"，宣扬了南宗禅门的佛性理论，即"一切众生，悉有佛性"。记载了五祖弘忍欲传衣钵，命众人作偈，惠能因一首"菩提本无树，明镜亦非台。本来无一物，何处惹尘埃"的偈颂深契五祖心意，从而三更受法，得传衣钵。五祖亲送渡江，惠能又提出了"迷时师度，悟了自度"的主张，这些都揭示了南宗禅法扫相破执、直指心源、不落阶级、顿悟成佛的特质。接着惠能遵循五祖"不宜速说"的付嘱，隐于猎人队中凡一十五载。后于广州法性寺因"风幡之议"而为世人瞩目，从此开坛说法，弘化一方。

　　时①，大师至宝林②，韶州韦刺史与官僚入山③，请师出。于城中大梵寺讲堂④，为众开缘说法⑤。
　　师升座次⑥，刺史官僚三十余人，儒宗学士三十余人，僧尼、道俗一千余人，同时作礼，愿闻法要。
　　大师告众曰："善知识⑦，菩提自性⑧，本来清净，但用此心，直了成佛⑨。善知识！且听惠能行由得法事意。

　　"惠能严父，本贯范阳[10]，左降流于岭南[11]，作新州百姓[12]。此身不幸，父又早亡，老母孤遗，移来南海[13]，艰辛贫乏，于市卖柴。时有一客买柴，使令送至客店，客收去，惠能得钱，却出门外，见一客诵经[14]，惠能一闻经语，心即开悟[15]。遂问客诵何经，客曰《金刚经》[16]。复问从何所来，持此经典。客云，我从蕲州黄梅县东禅寺来[17]。其寺是五祖忍大师在彼主化[18]，门人一千有余。我到彼中礼拜，听受此经。大师常劝僧俗，但持《金刚经》，即自见性[19]，直了成佛。惠能闻说，宿昔有缘[20]，乃蒙一客，取银十两与惠能，令充老母衣粮，教便往黄梅，参礼五祖。"

　　注释：

　　①时：佛教经典中一开始往往有简略的序，介绍佛说法的时间、地点、人物等，"时"即表示说法的时间，并非确指。《坛经》依照佛家典籍的格式，以"时"表明六祖惠能说法的时间。

　　②宝林：即宝林寺，位于广东曲江南三十五公里曹溪山，今称"南华寺"、"南华古寺"、"南华禅寺"。南朝梁时由天竺僧智药建立。唐高宗仪凤年间（676—678），惠能主持弘法，学徒云集，法道大振，今存有六祖惠能肉身像。

　　③刺史：官名。汉代设置。隋时改刺史为太守。宋时刺史与太守已无区别。清时用作"知州"的别称。这里的刺史指韶州

刺史韦璩。

④大梵寺:位于广东曲江。《广东通志》记载:"韶州府曲江县,报恩光孝寺,在河西。唐开元二年(714),僧宗锡建,名开元寺,又更名大梵寺,为刺史韦璩请六祖说《坛经》处。宋崇宁三年(1104),诏诸州建崇宁寺,政和中改天宁寺。绍兴三年(1133),专奉徽宗香火,赐额曰报恩光孝寺。"可知此寺为僧宗锡建于唐玄宗开元二年(714),是刺史韦璩请六祖惠能宣说《坛经》之处。

⑤开缘说法:将说佛教教义以开导众人。

⑥升座:在说法的座位上落座。

⑦善知识:指正直有德、导人正道,教众生远离恶法修行善法的人。上至佛、菩萨,下至人、天,不论以何种姿态出现,凡能引导众生舍恶修善、入于佛道者,均可称为"善知识"。教导邪道之人称为"恶知识"。善知识可以用来称呼出家的僧人,也可以用来称呼未出家的佛教徒。

⑧菩提:意译"觉"、"智"等。断绝世间烦恼而达到涅槃智慧可通称为"菩提"。菩提为佛教的根本理念。佛教主要即在说明菩提之内容,及证取菩提的实践修行方法。佛教的礼拜对象,即为获得菩提的觉者,即佛陀。

⑨但用此心,直了成佛:禅宗认为人心先天就蕴涵着佛教的全部道理,是本来具足的,只要如实的运用此心,本来呈现,就能直接成就佛道。

⑩范阳:地名。唐代置郡,今天的北京大兴、宛平一带。

⑪岭南:指五岭以南的广大地区,约是今天广东一带。

⑫新州：今广东新兴。

⑬南海：今属广东佛山一带。

⑭诵经：指诵读佛教经典，此为功德。

⑮开悟：开启了人心本有的佛教智慧，觉悟了佛教根本的教义教理。

⑯《金刚经》：佛教经典。全称《能断金刚般若波罗密经》，简称《金刚经》，最早由后秦鸠摩罗什译出，一卷。卷末四句偈文："一切有为法，如梦幻泡影，如露亦如电，应作如是观。"被称为一经之精髓，意为世界上一切事物都是空幻不实，认为应"远离一切诸相"而"无所住"，即对现实世界不执著、不留恋。由于此经以空慧为体，说一切法无我之理，篇幅适中，不过于浩瀚，也不失之简略，故历来弘传甚盛，特别为惠能以后的禅宗所重。

⑰蕲州黄梅县东禅寺：蕲州指今天的湖北蕲春。黄梅县是今湖北黄梅西北地区。东禅寺位于湖北黄梅西南。《湖广通志》记载："黄州府黄梅县，东禅寺在黄梅县西南一里。"又称"莲华寺"、"东渐寺"。为禅宗五祖弘忍之道场，当时门下僧众达七百余人。五祖于该寺半夜密传衣钵于六祖惠能。寺内尚存六祖当年之簸糠池、坠腰石等遗迹。

⑱五祖忍大师：即中国禅宗五祖弘忍。弘忍（602—675），唐代僧人，湖北黄梅人，俗姓周。七岁从四祖道信出家，得其心传。道信入寂后继承师席，在黄梅双峰山的东面冯茂山建东山寺，弘忍发扬禅风，以悟彻心性之本源为旨，守心为参学之要。时称其禅学为"东山法门"。唐高宗上元二年（675）示寂（即于传法后四年），世寿七十四。敕谥"大满禅师"。弘忍门下甚

众，著名弟子有神秀、惠能等。弘忍将禅贯彻到日常生活，认为行住坐卧都是成佛的行为和活动，这一点对惠能以及《坛经》的思想影响很大。主化：即主持教化。

⑲见性：即指"识性"，指彻见自心之佛性，为禅家之语。

⑳宿昔有缘：前世结下的缘分。

译文：

当时，惠能大师来到广东南华山宝林寺，韶州刺史韦璩与他的僚属们一道进山，请惠能大师到位于城中的大梵寺讲堂为大众演说佛法大义。

大师于说法的座位上落座，刺史及官员们三十多人，儒学学士三十多人，出家比丘、比丘尼及在家信众一千多人，都来参加盛会，大家一齐向大师行礼致敬，希望聆听大师演说佛法的精要。

大师告诉众人说："善知识们，人心先天具有成佛的觉悟本性，本来清净没有污染，只要用这个清净的本心，就可以直接开悟成佛。各位善知识们，请先听听我讲述我求法得道的因缘和经历！

"我惠能的父亲，原籍范阳，后来因事遭贬被流放到岭南地区，从而成为新州的普通百姓。惠能自幼不幸，父亲很早离开人世，留下我们孤儿寡母相依为命，后来又迁移到南海这地方，由于家境贫寒，惠能只得每日进山打柴，担到集市卖掉，以此维持生计，勉强度日。有一天，有一位客人买了惠能的柴，并让送至客房，送达后，客人收了柴，惠能得到钱，刚走到门外，就见到一位客人正在诵读佛经，惠能一听客人所诵的经文，心中立刻顿然开悟。就请教这位客人所诵的是什么经典，客人告之是《金刚经》。惠能又问客人从什么地方来，如何获得这部经典？客人说，我从蕲州黄梅县东禅寺来，五祖弘忍大师在那里主持并弘扬佛法教化众生，门下弟子达一千多人。我到东禅寺拜谒五祖弘忍大师，并听闻领授了这部佛经。弘忍大师常常劝诫僧人和在俗的人，指示只要依《金刚经》所讲的修行，就能自己识见自心佛性，直接了悟成佛。惠能听了客人的这番话，觉得自己与佛法宿世有缘，正好承蒙一位客人取了十两银子给他，嘱咐他用来安顿老母，充当其衣食生活之所需，然后去黄梅县东禅寺，参拜五祖大师。”

　　惠能安置母毕，即便辞违，不经三十余日，便至黄梅，礼拜五祖。

　　祖问曰：“汝何方人，欲求何物？”

　　惠能对曰：“弟子是岭南新州百姓，远来礼师，惟求作佛①，不求余物。”

　　祖言：“汝是岭南人，又是獦獠②，若为堪作佛？”

　　惠能曰：“人虽有南北，佛性本无南北③，獦獠身与和尚不同④，佛性有何差别？”五祖更欲与语，且见徒众总在左右，乃令随众作务⑤。

　　惠能曰：“惠能启和尚，弟子自心常生智慧⑥，不离自性，即是福田⑦。未审和尚教作何务？”

祖云:"这獦獠根性大利⑧,汝更勿言,著槽厂去⑨。"

惠能退至后院,有一行者⑩,差惠能破柴踏碓⑪。

经八月余,祖一日忽见惠能,曰:"吾思汝之见可用,恐有恶人害汝,遂不与汝言,汝知之否?"

惠能曰:"弟子亦知师意,不敢行至堂前,令人不觉。"

注释:

①作佛:即成佛。《法华经·譬喻品》曰:"具足菩萨所行之道,当得作佛。"断妄惑、开真觉,根除无明烦恼,开启真实觉悟。

②獦獠:是对当时生活在南方以行猎为生的少数民族的侮称。如此称呼表示轻蔑的意思,意指惠能是未开化、无知识的蛮夷。

③佛性:即佛陀之本性,或指成佛之可能性。又作"如来性"、"觉性"。为"如来藏"之异名。《涅槃经》有云:"一切众生悉有佛性,如来常住无有变易。"

④和尚:指德高望重之出家人,又作"和上"。意译"亲教师"、"力生"、"近诵"、"依学"、"大众之师"。和尚为受戒者之师表,故华严、天台、净土等宗皆称为"戒和尚"。后世沿用为弟子对师父之尊称。

⑤随众作务:随同大家一起劳动、做活。

⑥智慧:明白一切事相叫做智;了解一切事理叫做慧。决断曰智,简择曰慧。俗谛曰智,真谛曰慧。《大乘义章九》曰:"照见名智,解了称慧,此二各别。知世谛者,名之为智,照第一义者,

说以为慧,通则义齐。"

⑦不离自性,即是福田:指认识自我的本心就像在福田播种,其收获的成果就是成就佛道,并不需要通过随众作务这样的苦修来达成。自性,指自体之本性。诸法各自具有真实不变、清纯无杂的个性,称为"自性"。福田,指人们做善事犹如在大地里播种庄稼而有收获一样,能够得到福报。这里是以田为喻,故名福田。"田以生长为义,农夫播种于田亩,必有秋收之利。人若行善,能得福慧之报。"佛教中认为凡敬侍佛、僧、父母、悲苦者,即可得福德、功德。

⑧根性大利:"能生为根,数习为性。"根为能生之义,善恶之习惯曰"性",人性有生善业或恶业之力,故称"根性"。大利,大好,非常好。这里指惠能禀赋极高。

⑨槽厂:马房、马棚,指养马的地方。

⑩行者:又称"行人"、"修行人",泛指一般佛道之修行者,是修行佛法的通称。也指居住佛寺但留着头发修行的人。《释氏要览》卷上云指未剃度而在丛林内服诸劳役的带发修行者,即未出家而住于寺内帮忙杂务者。有剃发者,亦有未剃发而携家带眷者。

⑪踏碓:发明于西汉,是去秕、脱壳的粮食加工工具。

译文:

惠能安置好老母亲后,便辞别老母北上奔赴黄梅。不到三十天的时间,惠能便抵达了黄梅,见到了五祖弘忍大师并向他致礼参拜。

五祖问道:"你是哪里人,到我这里想求得什么?"

惠能答对道:"弟子我是岭南新州的一名普通老百姓,远道而来,礼拜师父,只想觉悟成佛,别无他求。"

五祖大师说:"你是岭南人,又是未开化的獦獠,怎么能成佛呢?"

惠能说:"虽然人有南方和北方的地区差别,但人的佛性却没有南方和北方的不同。我这个獦獠之身虽然和大师不一样,但我们都具有的成佛本性却有什么不同呢?"五祖还想和惠能继续交谈下去,因为看到众多弟子围在左右,便让惠能和大家一起先去干活。

惠能说:"惠能禀告大师,弟子内心常生出智慧之念,认为不离自我本性便是成就福田,不知道大师还要让我干什么?"

五祖说:"想不到你这獦獠根基很不错,禀赋很高!你不必多说了,先到后院马棚里干活去吧。"

惠能退下来到后院,有一个行者,分派惠能干劈柴舂米的活。

如此,惠能一连干了八个多月,一天,五祖突然看到惠能,便说:"我考虑到你的见解是很可用的,恐怕有坏人嫉妒而要加害于你,所以那天没有与你深谈,你明白我的用意吗?"

惠能说:"弟子也知道师父的用心,所以从来不敢到前堂大殿上去,以免被别人察觉。"

祖一日唤诸门人总来:"吾向汝说,世人生死事大,汝等终日只求福田,不求出离生死苦海①。自性若迷,福何可救？汝等各去，自看智慧，取自本心般若之性②，各作一偈③，来呈吾看，若悟大意，付汝衣法④，为第六代祖。火急速去，不得迟滞。思量即不中用⑤，见性之人，言下须见。若如此者，轮刀上阵⑥，亦得见之。"

众得处分，退而递相谓曰："我等众人，不须澄心用意作偈⑦，将呈和尚，有何所益？神秀上座⑧，现为教授师⑨，必是他得；我辈谩作偈颂，枉用心力。"余人闻语，总皆息心，咸言："我等已后依止秀师⑩，何烦作偈。"

神秀思惟⑪：诸人不呈偈者，为我与他为教授师，我须作偈，将呈和尚。若不呈偈，和尚如何知我心中见解深浅。我呈偈意，求法即善，觅祖即恶，却同凡心夺其圣位奚别？若不呈偈，终不得法，大难大难。

五祖堂前，有步廊三间，拟请供奉卢珍画《楞伽经变相》及《五祖血脉图》⑫，流传供养⑬。神秀作偈成已，数度欲呈，行至堂前，心中恍惚，遍身汗流，拟呈不得。前后经四日，一十三度，呈偈不得。

秀乃思惟：不如向廊下书著，从他和尚看见，忽若道好，即出礼拜，云是秀作。若道不堪，枉向山中数年，受人礼拜，更修何道？

是夜三更，不使人知，自执灯，书偈于南廊壁间，呈心所见。偈曰：

身是菩提树，心如明镜台。

时时勤拂拭，勿使惹尘埃。

秀书偈了，便却归房，人总不知。秀复思惟：五祖明日见偈欢喜，即我与法有缘，若言不堪，自是我迷，宿业障重⑭，不合得法，圣意难测⑮。房中思想，坐卧不安，直至五更。

注释：

①生死苦海：佛教认为人都处于天、人、阿修罗、饿鬼、畜生、地狱等六道迷界中生死相续、永无穷尽的轮回中。与"涅槃"相对称。生死苦海，指各种苦难的世界，亦即生死轮回之三界六道。众生沉沦于三界之苦恼中，渺茫无际，犹如沉没于大海难以出离，故以广大无边的海来比喻。

②般若：梵文音译。又作"波若"、"般罗若"、"钵剌若"。意译为"慧"、"智慧"。明见一切事物及道理的高深智慧，即称"般若"。

③偈(jì)：译为"颂"。颂者，美歌也。泛指一种略似于诗的有韵文辞，不问三言四言乃至多言，通常四句一偈。通用于佛教经律论。

④衣法：指衣与法。禅宗传承，师传法于弟子都以付授的袈裟为表征，传衣即传法之义。内传心法以印证宗门的佛心宗旨，外传僧衣以表示师承的信实无虚。衣，指出家人的袈裟。法，正法，指传正法之信征。

⑤思量即不中用：表明禅宗认为若要明白本心，通过思考分析是没有用的，是不能达到的。思量，即思虑度量事理的意思。

⑥轮刀上阵：指上阵作战，舞刀飞转如旋转的车轮一般。

⑦澄心：使心绪澄静平定，集中凝虑。

⑧神秀上座：唐代禅僧（605—706），五祖弘忍弟子之一。汴州尉氏人，俗姓李。身长八尺，龙眉秀目，有巍巍威德，少览经史，博学多闻。至蕲州双峰东山寺，参谒五祖求道。弘忍深为器重，令为教授师，因居五祖门中第一位，有神秀上座之名。弘忍示寂后神秀师迁江陵当阳山传法，道誉大扬。禅门中将之与惠能称为"南能北秀"。禅宗北宗，与南宗的"顿悟"说不同，其教法力主渐悟之说，故而禅史有"南顿北渐"之称。神龙二年（706）神秀示寂，寿一〇二，敕号"大通禅师"，为禅门谥号最早者。上座，指寺院僧职的名称。唐以前上座是寺院之首，唐以后上座为禅宗寺院住持之下的职位。

⑨教授师：是专门负责教授弟子威仪、作法的轨范师，专门给受具足戒的僧人教授有关行住坐卧等威仪的作法。

⑩依止：即依存而止住的意思。依赖于有力、有德者之处而不离，亦称为"依止"。

⑪思惟：即思考推度。思考真实的道理，称为"正思惟"，系"八正道"之一；反之，则称"邪思惟"（不正思惟），乃"八邪"之一。

⑫供奉：官名。指被朝廷或皇家聘用的官员，多为擅长文学、美术等各种技艺的人。《楞伽经》：为佛教经典。全名《楞伽阿跋多罗宝经》或《入楞伽经》，四卷本，南朝刘宋求那跋陀罗译，收于《大正藏》第十六册。楞伽，山名。阿跋多罗，"入"之意思。意谓佛陀入此山所说之宝经，本经宣说世界万有皆由心所

造,人认识的对象不在外界而在内心。《楞伽经》对中国禅宗的影响颇大。变相:指依经典之记载,描绘佛的本生故事,或净土庄严、地狱相状等图画,用以宣传教义。又作"变像"、"变绘",略称"变"。变,乃变动、转变之意,即将种种真实之动态,以图画或雕刻加以描绘。

⑬供养:奉养的意思,对上含有亲近、奉事、尊敬的意思,对下含有同情、怜惜、爱护的意思。又作"供"、"供施"、"供给"、"打供",意指供食物、衣服等予"佛法僧"三宝、师长、父母、亡者等。供养初以身体行为为主,后亦包含纯粹的精神供养,故有身分供养、心分供养之分。

⑭宿业障重:又称"宿作业"。佛教说宿业是指过去世所造的善恶业因。障,指烦恼,烦恼能障碍圣道,故名"障"。"宿业障重"即指过去世所作的恶业烦恼深重,影响人认识本心。

⑮圣意:这里指弘忍的心意。

译文:

一天,弘忍大师召集所有的弟子,说:"世人如何解脱生死是很重要的问题,你们整天只知持戒修善追求人天福报,而不知修慧,脱离生死苦海。你们自我本有的佛性如果迷失了,做功德、求福田又哪里能救你们脱离苦海呢?你们各自回去,运用自己的智慧观照本心自性,各自做一首体认佛法的偈来送给我看。如果有谁能明白佛法大意,我就传给他衣钵和教法,他将成为第六代祖师。你们赶快回去做,不得迟缓拖延。费心思考分析是没有用的,因为能体认自我本心、识见真如佛性的人,只言片语就能显现出。像这样的人，即使在战场上将刀挥得如轮子飞舞似的刹那瞬息之间，也能见悟得悟。”

众人听了吩咐后，退回来相互议论道：“我们这样的人，没必要静心思索花费心力来作偈，呈给大师看了，有什么用处？神秀上座现在是教授师，第六代祖师之位一定是他的；我们这些人冒昧轻易地作偈实在是白白浪费精力。”大家听了这话，都打消了作偈的念头，都说：“我们以后追随着神秀禅师就行了，何必费心作偈呢？”

神秀心中思虑：大家都不作偈呈交大师，是因为我是他们的教授师，我则必须作一首偈呈交师父。如果不作偈呈交，五祖大师怎么知道我对佛法的见地是深还是浅。我作偈呈交五祖，如果是为了求法，那就是好的，如果是为了获取六祖的位子，那就不对，同凡夫俗子的费尽心机去谋求圣位有什么差别呢？但如果不作偈呈交，终究不能得法，真是太难了，太难了！

五祖大师的堂前有三间走廊，本来准备请供奉卢珍在这里画《楞枷经变相》和《五祖血脉图》，用来永久流传、受人供养的。神秀作好偈以后，好几次想呈送给五祖，一走到大堂前，就紧张得心中恍惚，全身流汗，想呈交偈子总不成功。前前后后过了四天，共十三次想呈送，都始终没有勇气交上去。

神秀心中又想：不如我把所作的偈写到堂前走廊里，任由五祖大师看到，如果猛地称赞这个偈好，我就出来向五祖大师致敬行礼，说明这是我神秀作的。如果五祖大师说这个偈实在不行，那就算我白白在山中修行这么多年，枉受大家礼敬，还再修什么道呢？

当天夜里三更时分，神秀不让别人知道，悄悄地自己持着灯烛，将作好的偈子写在南廊的墙壁上，表明了他对佛法的体认。偈是这样说的：

　　　　身是菩提树，心如明镜台。

　　　　时时勤拂拭，勿使惹尘埃。

　　神秀写完偈，便回到自己的房中，全寺上下都不知道这件事。神秀又想：明天五祖看到偈后，如果心生欢喜就说明我与佛法有缘。如果说实在不行，那就是我自心仍迷，前世罪业太过深重，不该得到佛法，五祖的圣意真是难以预料。神秀在房中思考，坐卧不安，一直折腾到五更时分。

　　祖已知神秀入门未得，不见自性。天明，祖唤卢供奉来，向南廊壁间绘画图相，忽见其偈。报言："供奉却不用画，劳尔远来。经云：凡所有相，皆是虚妄①。但留此偈，与人诵持。依此偈修，免堕恶道②。依此偈修，有大利益。"令门人炷香礼敬③，尽诵此偈，即得见性。

　　门人诵偈，皆叹善哉④。

　　祖三更唤秀入堂，问曰："偈是汝作否？"

　　秀言："实是秀作，不敢妄求祖位。望和尚慈悲⑤，看弟子有少智慧否？"

　　祖曰："汝作此偈，未见本性，只到门外，未入门内。如此见解，觅无上菩提⑥，了不可得。无上菩提，须得言下识自本心，见自本性。不生不灭⑦，于一切时中⑧，念念自见^⑨，万法无滞，一真一切真，万境自如如^⑩。如如之心，即是真实^⑪。若如是见，即是无上菩萨之自性也。汝且去一两日思惟，更作一偈，将来吾看汝偈，若入得门，付汝衣法。”

神秀作礼而出，又经数日，作偈不成，心中恍惚，神思不安，犹如梦中，行坐不乐。

复两日，有一童子^⑫，于碓坊过^⑬，唱诵其偈。惠能一闻，便知此偈未见本性。虽未蒙教授，早识大意。遂问童子曰：“诵者何偈？”

童子曰：“尔这獦獠不知。大师言：‘世人生死事大。’欲得传付衣法，令门人作偈来看。若悟大意，即付衣法，为第六祖。神秀上座，于南廊壁上，书无相偈，大师令人皆诵，依此偈修，免堕恶道。依此偈修，有大利益。”

惠能曰：“我亦要诵此，结来生缘。上人^⑭，我此踏碓，八个余月，未曾行到堂前，望上人引至偈前礼拜。”

童子引至偈前礼拜。惠能曰：“惠能不识字，请上人为读。”

时有江州别驾^⑮，姓张，名日用，便高声读。惠能闻已，遂言：“亦有一偈，望别驾为书。”

别驾言：“汝亦作偈，其事希有。”

注释：

①凡所有相，皆是虚妄：出自《金刚经》，意为世界上一切现象都是虚幻不实的。相，指能为人们所感觉到的一切有形体的事物和现象。虚，即无实。妄，是不真。虚妄即虚假、非真实的意思。

②恶道：为"善道"的对称，与"恶趣"同义，即指生前造作恶业，而在死后所去往的苦恶处所，主要指地狱。在"六道"之中，一般以地狱、饿鬼、畜生三者称为"三恶道"，阿修罗、人间、天上则称为"三善道"。

③炷香：即烧香、燃香。礼敬：又作"敬礼"，即礼拜恭敬的意思。

④善哉：称赞之辞，为契合我意的称叹之语。古印度在开会议决之际，表示赞成时皆用此语；又释尊或其他诸佛在赞同其弟子的意见时，也发此语。

⑤慈悲：与乐曰慈，慈爱众生并给予快乐；拔苦曰悲，同感其苦，怜悯众生并拔除其苦。二者合称为"慈悲"。佛陀之悲就是以众生苦为己苦的同心同感状态，故称"同体大悲"；又因其悲心广大无尽，故称"无盖大悲"。

⑥无上菩提：指至高无上的觉悟。菩提有三等，佛、缘觉、声闻，各于其果所得的觉智，称为"菩提"。此中佛所得的菩提，无有过之者，为无上究竟，故称"无上菩提"。

⑦不生不灭：生灭，指生起与灭尽，与"生死"同义。离因缘而永久不变的常住存在为无为法，无生无灭、不生不灭。依因缘和合而有，叫做"生"；依因缘分散而无，叫做"灭"。有生有

灭,是有为法,不生不灭,是无为法。"不生不灭"乃"生灭"的相对词,是"常住"的别名,也是永生的意思。凡佛经均不外此意。

⑧于一切时中:指在过去、现在和未来的一切时间,即时时刻刻。一切时,指从无始以来相续无穷的时间,称为"一切时"。无论何时,包括过去、现在、未来所有的时间,都称为"一切时"。

⑨念念自见:佛教认为事物和现象变化之迅速莫过于人的心念的起灭。念念者,刹那的意思,意谓极其短暂之时间。

⑩万境自如如:即指万事万物都真实平等,没有分别。万境,指一切的境界,即人们感觉和思维的一切事物和现象。如如,即"如于真如"。是不动、寂默、平等不二、不起颠倒分别的自性境界,即如理智所证得的真如,故而称"如如"。

⑪真实:离迷情、绝虚妄称为"真实"。与"方便权假"对应。身口各异,言念无实,称为"虚伪"。若表里如一,更无虚妄,则为"真实"。

⑫童子:对寺院中尚未正式出家的青少年的称呼。

⑬碓坊:舂米的房间。

⑭上人:上德之人。是对智德兼备而可为众僧及众人师者的高僧的尊称。《释氏要览》卷上谓内有智德,外有胜行,在众人之上者为"上人"。后逐渐成为对出家僧人的尊称。这里是惠能对童子的尊称。

⑮别驾:官名。汉代设立,为州长官的辅佐。因随从州官出巡辖境时,别乘驿车随行而得名。

译文：

五祖本来已经了解神秀是还未真正入道，还不能识见自心自性的。天亮后，五祖请来供奉卢珍，带到南边廊下，准备请他绘制壁画，猛地看到神秀书写的这个偈，便向卢珍宣称道："供奉，不用再画了，劳驾你远道而来。佛经上说：凡是一切有形体相状的东西都是虚幻不真实的。只留下这首偈，让人们念诵持奉，依照这个偈去修行，可以避免坠入恶道；依照这个偈的道理去修行，会有很大的利益。"于是，五祖让门下弟子们焚香敬礼，都来念诵这首偈，可以识见自性。

弟子们依照五祖大师的话去念诵这个偈，都心生欢喜称赞不已。

五祖当天夜里三更时分把神秀叫到堂上，问道："偈是你作的吗？"

神秀回答道："确实是神秀我作的，不敢奢望求取第六代祖师的位置，只希望师父发发慈悲，衡量弟子我是否还有一点智慧？"

五祖大师说："你作的这个偈，还没有认识到本性，你只到了门外，还没有登堂入室。依照这样的见解，要想获得无上的觉悟，是不可能的。所谓无上的觉悟，是必须当下识心见性。认识到本心佛性没有生起和毁灭，于任何时候、在每一念中，即时时刻刻、在在处处都能清楚明白地了知。一切事物现象相互融通而无滞碍，事物本性真实因而一切万法真实不虚，如实呈现。体现真如佛性，自心如实呈现，就是真实。如果有了这样的见解就是体证无上觉悟的本性。你姑且先回去再思考一两天,作一个新的偈给我看。如果重写的偈表明你真的入门了,我就将衣钵传给你。"

神秀向五祖行礼后退出来。又过了几天,偈仍然没能作成,心中整天恍恍惚惚,精神不安,犹如在梦中一般,行住坐卧都闷闷不乐。

又过了两天,有一个童子,从碓坊前经过,口中唱诵着神秀所作的偈。惠能一听就知道这首偈还没有认识到本心自性。惠能虽然从未蒙受过点化指导,但心中早已认识了佛法的大意。于是就问童子:"你念的是什么偈啊?"

童子说:"你这獦獠有所不知。五祖弘忍大师说:'世上众生脱离生死苦海是亟待解决的大问题。'他要传授衣钵和教法,让弟子们各写一个偈给他看。如果谁悟得佛法大意,就传衣钵给他,让他成为第六代祖师。上座师神秀在南廊墙壁上,写了这首无相偈,五祖弘忍大师让弟子们都念诵这首偈,依照这首偈修行,可以避免坠入恶道;依照这首偈修行,会有大受益。"

惠能说:"我也要念诵这首偈,为来生结缘。上人,我在这里踏碓舂米,已经八个月了,从来没有走到堂上去,希望上人能带领我到偈前去礼敬膜拜。"

童子便带惠能到偈前去礼拜。惠能说:"惠能我不识字,请上人为我读一遍。"

当时,有位叫张日用的江州别驾在场,便高声诵读了神秀的偈。惠能听了以后便说:"我也有一偈,希望别驾为我写下来。"

别驾说:"你也写?这件事真是稀奇少有。"

惠能向别驾言:"欲学无上菩提,不得轻于初学。下下人有上上智,上上人有没意智①。若轻人,即有无量无边罪②。"

别驾言:"汝但诵偈,吾为汝书。汝若得法,先须度吾③,勿忘此言。"

惠能偈曰:

菩提本无树,明镜亦非台。

本来无一物,何处惹尘埃。

书此偈已,徒众总惊,无不嗟讶,各相谓言:"奇哉,不得以貌取人,何得多时使他肉身菩萨④。"

祖见众人惊怪,恐人损害,遂将鞋擦了偈,曰:"亦未见性。"众以为然。

次日祖潜至碓坊,见能腰石舂米,语曰:"求道之人,为法忘躯,当如是乎!"

乃问曰:"米熟也未⑤?"

惠能曰:"米熟久矣,犹欠筛在⑥。"

祖以杖击碓三下而去⑦。惠能即会祖意。三鼓入室。

祖以袈裟遮围⑧,不令人见。为说《金刚经》,至"应无所住而生其心"⑨,惠能言下大悟"一切万法不离自性"。遂启祖言:"何期自性,本自清净;何期自性,本不生灭;何期自性,本自具足⑩;何期自性,本无动摇;何期自性,能生万法。"

祖知悟本性，谓惠能曰："不识本心，学法无益。若识自本心，见自本性，即名丈夫、天人师、佛⑪。"

三更受法，人尽不知，便传顿教及衣钵⑫。云："汝为第六代祖，善自护念，广度有情⑬，流布将来，无令断绝。听吾偈。"曰：

有情来下种，因地果还生。

无情既无种，无性亦无生。

祖复曰："昔达磨大师⑭，初来此土，人未之信，故传此衣，以为信体，代代相承。法则以心传心，皆令自悟自解。自古佛佛惟传本体，师师密付本心。衣为争端，止汝勿传，若传此衣，命如悬丝，汝须速去，恐人害汝。"

惠能启曰："向甚处去？"

祖云："逢怀则止，遇会则藏⑮。"

惠能三更领得衣钵，云："能本是南中人，素不知此山路，如何出得江口？"

五祖言："汝不须忧，吾自送汝。"

注释：

①没意智：即指愚钝、没有智慧或智慧被埋没的意思。意智，即思量之意。

②无量：指不可计量之意。指空间、时间、数量之无限，亦指佛德之无限。无边：指广大而无边际也。

③度：渡过之意。指从此处渡经生死迷惑之大海，而到达

觉悟彼岸。出家为觉悟之第一步,故称出家为"得度",即从生死此岸到解脱涅槃的彼岸。

④肉身菩萨:菩萨,指据大乘佛教教义修行而能够于未来成就佛道的修行者。肉身菩萨,指生身菩萨,即以父母所生之身而至菩萨修行阶位的人。肉身菩萨于入寂后可得全身舍利。所谓舍利,据《法苑珠林》卷四十所载,舍利即身骨,为有别于凡夫死人之骨,故保留梵名。可分为三种:一、骨舍利,白色;二、发舍利,黑色;三、肉舍利,赤色。全身舍利系于高僧或大善知识示寂后,其身躯虽经年代久远,时空变迁,却未腐朽溃烂,常保原形而栩栩如生。

⑤米熟也未:禅家讲"劈柴担水,无非妙道",此处以舂米为喻,暗示询问惠能悟道了没有,思维是否成熟了。

⑥犹欠筛在:此处以筛子筛米为喻,暗示惠能称自己思虑早已成熟,就差五祖弘忍大师点化开示或验证肯定了。

⑦祖以杖击碓三下而去:此处指五祖弘忍大师暗示惠能是夜三更来见。

⑧袈裟:比丘的法衣,解释为不正色、坏色、染色等意义,因为出家比丘所穿的法衣,都要染成浊色,故袈裟是依染色而立名的。又因其形状为许多长方形割截的小布块缝合而成,有如田畔,故又名"割截衣"或"田相衣",亦称"福田衣"。

⑨应无所住而生其心:为《金刚经》中之名句,与《心经》中"空即是色"义同。意即不论处于何境,此心皆能无所执著,而自然生起。心若有所执著,犹如生根不动,则无法有效掌握一切。故不论于何处,心都不可存有丝毫执著,才能随时任运自在,而

如实体悟真理。

⑩具足："具备满足"的略称。

⑪丈夫：又译作"士夫"，指成年男子，或诸根圆具的男子。人中之最胜者为丈夫，是勇进正道修行不退者。此处是"调御丈夫"的简称，"调御丈夫"是佛十大名号之一，意为佛能调御一切可度之丈夫，使入修道也。天人师：为如来十大名号之一。又作"天人教师"，谓佛陀为诸天与人类之教师，示导一切应作不应作、是善是不善，若能依教而行，不舍道法，能得解脱烦恼之报，故称"天人师"。

⑫顿教：指顿悟成佛的教法。以说法内容分，长时间修行而后到达悟的教法，称为"渐教"；迅即证得佛果、成就菩提之教法，称为"顿教"。衣钵：指"三衣"及"一钵"。三衣，指九条衣、七条衣、五条衣三种袈裟。钵，乃修行僧之正式食器，为出家众所有物中最重要者。受戒时，"三衣一钵"为必不可少之物，亦为袈裟、铁钵之总称。禅宗之传法即传其衣钵于弟子，称为"传衣钵"，因此亦引申为师者将佛法大意传授于后继者。

⑬有情：旧译为"众生"，即生存者之意。关于"有情"与"众生"，有说"有情"系指人类、诸天、饿鬼、畜生、阿修罗等有情识的生物。而草木金石、山河大地等为非情、无情之物。"众生"包括"有情"及"无情"二者。另一说则认为"有情"即是"众生"之异名，二者乃一体而异名，皆包括有情之生物及无情之草木等。

⑭达磨：指菩提达磨（？—535），为我国禅宗初祖，西天第二十八祖。梁武帝普通元年（520）泛海至广州番禺，武帝

遣使迎至建业，然而与武帝语不相契，遂渡江至魏，于嵩山少林寺面壁坐禅，传法给弟子慧可，授袈裟及《楞伽经》四卷。入寂后葬于熊耳山上林寺。梁武帝尊称师为"圣胄大师"；唐代宗赐"圆觉大师"之谥号。

⑮怀：指怀集县，今天的广西梧州。会：指四会县，今天的广东新会。

译文：

惠能对张别驾说："想要参习无上的菩提觉道，不应该轻视初学佛法的人。下下等的人中会有上上等的智慧，上上等的人中也有愚钝没智慧的。如果轻视别人，就犯下了不可估量的罪过。"

张别驾便说："你就说你的偈吧，我为你写。你如果得了法，一定要先来度我，请千万别忘了这句话。"

惠能的偈说道：

　　菩提本无树，明镜亦非台。

　　本来无一物，何处惹尘埃。

张别驾把这首偈写完以后，弟子众人全部惊讶不已，没有一个不唏嘘感叹的，互相说道："真是奇迹啊，人不应该以貌取人，什么时候他竟成了肉身菩萨。"

五祖看见大家惊讶嗔怪，唯恐有人要起心加害惠能，便用鞋将偈擦掉，说："这首偈也没有见得本心。"于是大家都认为是这样的。

第二天，五祖悄悄地来到碓坊，看见惠能弯腰拴着一块大石头正费力地舂米,说道:"求佛道的人,为了佛法忘却自身,正应当像这样啊!"

便问道:"米熟了没有?"

惠能说:"米早就熟了,就差筛子筛一下了!"

五祖弘忍大师用柱杖在碓石上敲了三下走了,惠能立刻明白了五祖的心意。在当天晚上三更时分来到了五祖的房里。

五祖用自己的袈裟把门窗遮围起来,不让人看见。为惠能讲解《金刚经》,当讲到"应无所住而生其心"时,惠能当下开悟,明白了"一切万法不离自性"的道理。惠能于是禀告五祖说:"想不到自我的本性原本是清净的;想不到自我的本性原本是不生不灭的;想不到自我的本性原本是自我具足的;想不到自我的本性原本是没有动摇的,想不到自我的本性是能解释产生一切万法的。"

五祖弘忍大师知道惠能已悟得了本性,便对惠能说:"不能认识本心,学习佛法是没有用的。如果认识了自我本性,识见了自己的本心,这样的人就可称为大丈夫、天人师和佛。"

五祖弘忍三更时分传授惠能佛法,人们都不知道。于是五祖把禅宗顿悟法门和衣钵传给了惠能,说:"你现在是第六代祖师,请善自珍重,好自护念,广度天下有情众生,将来广泛流布本门教法,不使它中断失传。听我的偈吧。"偈说:

> 有情来下种,因地果还生。
>
> 无情即无种,无性亦无生。

五祖弘忍大师又说:"当年达磨大师刚刚由印度来中土传扬佛法的时候,人们都不相信他,所以传下这件袈裟作为信物,用来代代相传,以为表证。顿教法门则是以心传心,心心印证,都要自己求证得解脱。自古以来诸佛所传都是以真谛为根本,祖师代代相承也都是密付教法,识见本心。衣钵实在是争夺的祸端,到你这儿就不要再传了,如果再传这件袈裟,你的性命就如同系千钧于一发,时刻都有危险。你必须赶快离开,恐怕有人要加害于你。"

惠能问五祖弘忍大师:"往哪里去呢?"

五祖说:"遇到带'怀'字的地方就停下来,碰到带'会'字的地方就隐居起来。"

惠能于三更时分领受了衣钵,说道:"惠能我原本是南方人,平日里不了解这里的山路,怎么能离开到江口去呢?"

五祖说:"你不需要担忧,我会亲自送你的。"

祖相送直至九江驿①。祖令上船,五祖把橹自摇。惠能言:"请和尚坐,弟子合摇橹②。"祖云:"合是吾渡汝。"惠能云:"迷时师度,悟了自度,度名虽一,用处不同。惠能生在边方,语音不正,蒙师传法,今已得悟,只合自性自度。"祖云:"如是如是。以后佛法,由汝大行,汝去三年,吾方逝世。汝今好去,努力向南,不宜速说,佛法难起。"

惠能辞违祖已③,发足南行。两月中间,至大庾岭④,逐后数百人来,欲夺衣钵。

一僧俗姓陈,名惠明。先是四品将军,性行粗糙,极意参寻⑤,为众人先,趁及惠能。惠能掷下衣钵于石上，曰："此衣表信，可力争耶。"

能隐草莽中，惠明至，提掇不动。乃唤云："行者行者，我为法来，不为衣来！"

惠能遂出，盘坐石上。惠明作礼云："望行者为我说法。"惠能云："汝既为法而来，可屏息诸缘⑥，勿生一念，吾为汝说。"

明良久。惠能云："不思善，不思恶，正与么时，那个是明上座本来面目⑦。"

惠明言下大悟。复问云："上来密语密意外⑧，还更有密意否？"

注释：

①九江驿：今江西九江。一说，为湖北黄梅的一个驿站名。

②合：应该，理应。

③辞违：辞别，告辞。

④大庾岭：在今江西大庾南、广东南雄北，是"五岭"之一。相传汉武帝时，有庾姓将军筑城于此，因名"大庾岭"，又称"庾岭"。

⑤参寻：追踪寻找。

⑥屏息诸缘：指屏息凝神，排除一切杂念。诸缘，指人心所追求、迷恋的一切现象。

⑦本来面目：禅林用语。乃人人本具、不迷不悟之面目，即自己的自性，离开了一切的烦恼和染污，就是自己的本来面目。

⑧密语密意：指佛陀真实、秘密之言语与教示。密意，隐藏的旨意，即佛特殊的意趣。密意所说之语，称为"密语"。

译文：

五祖一直把惠能送到九江驿。五祖让惠能上船，五祖抓起橹亲自摇起来。惠能说："师父请坐，应该弟子摇橹。"五祖说："应该是我度你到彼岸。"惠能说："我迷悟时师父度我，我开悟时应当自己度自己，同样是度，但师父度我和我度自我，用起来却不一样。惠能我生长在边远地方，连语言发音都不正确，承蒙师父传授教法，现在已经得悟，应该以自己本心自己度自己了。"五祖说："是这样！是这样！今后佛法要由你广为流布了。你离开后三年，我才会离开人世。你今天善自珍重，好生离去，奋力向南方走，不适宜过早讲说顿教法门，因为这些年内佛法很难兴盛起来。"

惠能辞别了五祖之后，拼命往南走。不到两个月，抵达了大庾岭。这时，后面跟随追踪而来的有几百人，都想来抢夺衣钵。

一个僧人俗姓陈，叫惠明，以前是四品将军，性格行为比较粗鲁，正极力地追踪寻找，他跑到众人的前面，赶上了惠能。惠能将衣钵扔在石头上，说："这件袈裟象征着佛法，难道是可以武力来争夺的吗？"

惠能于是隐藏在草丛中。惠明追来后，石头上的袈裟却怎么也拿不起来，袈裟纹丝不动，于是就大喊道："行者，行者，我是为佛法来的，不是为袈裟来的！"

于是惠能便出来了，盘腿坐在石头上。惠明向他行礼并说："恳望行者为我宣讲佛法。"惠能说："你既然是为了佛法而来，可以去除止息心中一切想法，不要生一点杂念，我为你讲说佛法。"

惠明进行了长时间的静默。惠能说："不要有意识地思量善，不要有意识地思量恶，在这种状态下，惠明上座你的本来面目是什么呢？"

惠明听了立刻大悟，又问："除了刚才所说的密语密意之外，还有什么密意吗？"

惠能云："与汝说者，即非密也。汝若反照，密在汝边。"

明曰："惠明虽在黄梅，实未省自己面目。今蒙指示，如人饮水，冷暖自知。今行者即惠明师也。"

惠能曰："汝若如是，吾与汝同师黄梅。善自护持。"

明又问："惠明今后向甚处去？"

惠能曰："逢袁则止，遇蒙则居①。"

明礼辞。

惠能后至曹溪②，又被恶人寻逐。乃于四会，避难猎人队中，凡经一十五载。时与猎人随宜说法③。猎人常令守网，每见生命，尽放之。每至饭时，以菜寄煮肉锅。或问，则对曰：但吃肉边菜。

一日思惟：时当弘法④，不可终遁。遂出至广州法性寺⑤，值印宗法师讲《涅槃经》⑥。时有风吹幡动⑦，一僧曰风动，一僧曰幡动，议论不已。

惠能进曰："不是风动，不是幡动，仁者心动⑧。"

一众骇然。印宗延至上席，征诘奥义。见惠能言简理当，不由文字。宗云："行者定非常人。久闻黄梅衣法南来，莫是行者否？"

惠能曰："不敢。"

宗于是作礼，告请传来衣钵，出示大众。宗复问曰："黄梅付嘱⑨，如何指授？"

惠能曰："指授即无，惟论见性，不论禅定解脱⑩。"

宗曰："何不论禅定解脱？"

能曰："为是二法，不是佛法。佛法是不二之法⑪。"

宗又问："如何是佛法不二之法？"

惠能曰："法师讲《涅槃经》，明佛性是佛法不二之法。如高贵德王菩萨白佛言⑫：'犯四重禁⑬，作五逆罪⑭，及一阐提等⑮，当断善根佛性否？'佛言：'善根有二：一者常，二者无常。'佛性非常非无常，是故不断，名为不二；一者善，二者不善，佛性非善非不善，是名不二。蕴之与界⑯，凡夫见二，智者了达其性无二，无二之性即是佛性。"

注释：

①逢袁则止，遇蒙则居：指示惠明遇到地名中有"袁"字的地方就可以停下来，遇到地名中有"蒙"字的地方则可以居住下来。袁指袁州，蒙指袁州蒙山，今天的江西宜春，惠明后来居住在这里。

②曹溪：位于韶州（今广东曲江东南）之河，发源于狗耳岭，西流与溱水合，以经曹侯冢故，又称"曹侯溪"。梁天监元年（502）天竺婆罗门三藏智药到曹溪口，饮其水而知此源为胜地，乃劝村人建寺，复因其地似西国之宝林山，故称"宝林寺"。智药预言，一百七十年后有肉身菩萨于此开演无上法门，得道者如林。六祖惠能在此弘法，故也称"曹溪大师"，后来也成为禅宗南宗的代称。

③随宜说法：顺应众生不同能力、根器，顺应不同时间、地点各施以适当之教法，进行宣说佛法，以达完全效果称为"随宜所说"、"随宜说法"。说法，即宣说佛法，以化导利益众生。

④弘法：弘通正法。

⑤广州法性寺：又作"制旨寺"、"制止道场"，今称为"光孝寺"，位于广州西北部。东晋时，罽宾僧始造立寺宇，号"王园寺"。南朝时，真谛住此翻译经典，慧恺、僧宗等亦跟随来此，一时译经风盛。唐贞观年间，称为"乾明法性寺"。唐高宗仪凤元年（676），六祖惠能至本寺，开"东山法门"。宋以后改为"广孝寺"。

⑥印宗法师（627—713）：唐代僧，吴郡人。于广州法性寺宣讲《涅槃经》，遇六祖惠能大师，始悟玄理，而以惠能为传法

师，八十七岁示寂。《涅槃经》：全称《大般涅槃经》，为北凉昙无谶译，四十卷。《涅槃经》主要宣扬佛身常在和"一切众生，悉有佛性"的思想。

⑦幡：乃旌旗之总称。原为武人在战场上用以统领军旅、显扬军威之物，佛教则取之以显示佛菩萨降魔之威德，与"幢"同为佛菩萨之庄严供具。幡之形状，一般是由三角形的幡头、长方形的幡身、置于幡身左右的幡手，及幡身下方的幡足构成，有大有小。幡通常是布制，然亦有金铜制、杂玉制、纸制等类。

⑧仁者：乃对人之敬称，或单称"仁"。

⑨付嘱：原为付托、寄托之意。在佛经中，被引申为佛陀付托弘法布教的使命。禅宗常用以指嘱托袈裟等物，并转而表示师父以佛法的奥义授予弟子，故"付嘱"乃成禅宗的传统用语。

⑩禅定：禅，为梵语"禅那"之略，译曰"思惟修"、"静虑"。定，为梵语"三昧"之译，心定止一境而离散动之义。"禅"与"定"皆为令心专注于某一对象，而达于不散乱的状态。解脱：指由烦恼束缚中解放，而超脱迷苦之境地。以能超度迷妄之世界，故又称"度脱"；以得解脱，故称"得脱"。广义言之，摆脱世俗任何束缚，于宗教精神上感到自由，均可用以称之。佛教以"涅槃"与"解脱"表示实践道之终极境地。

⑪不二之法：独一无二之法门。不二，又作"无二"、"离两边"，指对一切现象应无分别，或超越各种区别。

⑫高贵德王菩萨：具名"光明遍照高贵德王菩萨"。《涅槃经疏》十九曰："光明遍照，论外化广。高贵德王，辨内行深。"

⑬四重禁：指比丘极严重之四种禁制，全称"四重禁戒"，

略作"四重"，又作"四重罪"、"四波罗夷罪"。即：一、杀生；二、偷盗；三、邪淫；四、妄语。

⑭五逆罪：即五重罪，指罪大恶极，极逆于理者，有大乘五逆、小乘五逆之分。小乘五逆（单五逆）指：害母、害父、害阿罗汉、恶心出佛身血、破僧等五者。大乘五逆（复五逆）即：破坏塔寺，烧毁经像，夺取三宝之物，或教唆他人行此等事，而心生欢喜；毁谤声闻、缘觉以及大乘法；妨碍出家人修行，或杀害出家人；犯小乘五逆罪之一；主张所有皆无业报，而行十不善业或不畏后世果报，而教唆他人行十恶等。

⑮一阐提：是不信佛法之义，即指断绝一切善根、无成佛之性、无法成佛者。

⑯蕴之与界：即指"五蕴"与"十八界"。五蕴，即类聚一切有为法之五种类别。一、色蕴，即一切色法之类聚；二、受蕴，苦、乐、舍、眼触等所生之诸受；三、想蕴，眼触等所生之诸想；四、行蕴，除色、受、想、识外之一切有为法，亦即意志与心之作用；五、识蕴，即眼识等诸识之各类聚。十八界，即十八种类自性各别不同，又作"十八持"。即眼、耳、鼻、舌、身、意等六根（能发生认识之功能），及其所对之色、声、香、味、触、法等六境（为认识之对象），以及感官（六根）缘对境（六境）所生之眼、耳、鼻、舌、身、意等六识，合为"十八种"，称为"十八界"。界为种类、种族之义。

译文：

惠能说："和你说了的，就不是秘密。你如果能够凭借智慧返观本心,妙法就在你那一边。"

惠明说:"惠明虽然一直在黄梅修行,其实从未醒悟认识自己本来面目。今天承蒙指示,就像人喝水一样,是凉是热只有自己知道。从今以后,你就是我惠明的师父了!"

惠能说:"你如果是这么想,那我和你都共同以五祖弘忍为师吧,今后好好护念修持。"

惠明又问:"惠明我今后应该往哪里去?"

惠能说:"碰到带'袁'字的地方就可以停下来,遇到带'蒙'的地方就可以住下来。"

惠明于是行礼并辞行。

惠能后来来到了曹溪山,又被恶人追赶。于是在四会这个地方,不得不混迹于猎人的队伍里,一晃就是十五年。这段时间里,他常常根据猎人们的不同情况,适时地给他们讲佛法。猎人们经常让他在捕兽的网边看守,每当看到有动物落入网中,惠能都将它们放生。每次到了吃饭的时候,惠能总是把蔬菜放在肉锅里煮熟了吃。有时被问到为什么这样做,惠能就回答:我只吃肉锅里的菜。

终于有一天,惠能思虑:该是弘法的时候了,不能一直这样隐遁下去。于是惠能离开四会来到广州法性寺,正好碰上印宗法师在讲《涅槃经》。这时一阵风吹着旌旗开始飘动,有一个僧人说这是风在动,一个僧人说这是旗在动,于是争论不休。

惠能这时进来说:"不是风在动,也不是旗在动,是诸位的心在动。"

在场的僧人都惊讶不已。印宗法师于是将惠能请到上席就座，向他提问求证佛法深奥的大意。惠能所说的都简单明白，句句如理，不拘泥于文字。印宗说："行者一定不是寻常的人。我早就听说得传黄梅弘忍大师衣钵教法的人来到了南方，是不是就是你呢？"

惠能说："不敢当。"

印宗于是向惠能行礼，请求惠能将五祖弘忍大师所传的袈裟取出来展示给大家看。印宗又问："黄梅五祖弘忍大师所传付的衣钵教法究竟是如何说的？"

惠能说："并没有说什么，只是探究如何明心见性，而不提倡通过修禅习定得解脱。"

印宗问："为什么不提倡修禅习定得解脱呢？"

惠能说："因为修禅习定求解脱是有分别、有对待的法，不是佛法。佛法是不二之法。"

印宗又问："什么是佛法的不二之法呢？"

惠能说："法师你讲《涅槃经》，知道识见佛性是佛法的不二之法。比如光明普照高贵德王菩萨对佛说：'犯了杀生、盗窃、邪淫、撒谎的四种根本戒；犯了杀父、杀母、杀阿罗汉、分裂僧团和伤害佛身体的五逆罪，还有不信佛法，断绝一切善根，不解成佛的一阐提等等，应当是断绝佛性和善根了吧？'佛说：'善根有两种，一个是永恒不变的，另一个是转瞬易逝的。'佛性既不是永恒不变也不是转瞬即逝的，所以善根是不断灭的，这就是佛法的不二之法。五戒十善是善，五逆十恶是不善，而佛性是既不是善也不是不善，这就是佛法的不二之法。五蕴十八界，凡夫俗子看到的是差别，智慧之人了解通达它的本性是无差别的,这无差别的本性就是佛性。"

印宗闻说,欢喜合掌①,言:"某甲讲经②,犹如瓦砾;仁者论义,犹如真金。"于是为惠能剃发③,愿事为师。惠能遂于菩提树下,开东山法门④:

"惠能于东山得法,辛苦受尽,命似悬丝。今日得与使君、官僚、僧尼、道俗同此一会,莫非累劫之缘⑤,亦是过去生中供养诸佛,同种善根,方始得闻如上顿教、得法之因。教是先圣所传,不是惠能自智。愿闻先圣教者,各令净心,闻了各自除疑,如先代圣人无别。"

一众闻法,欢喜作礼而退。

注释:

①合掌:又作"合十",即合并两掌,集中心思,而恭敬礼拜之意。本为印度自古所行之礼法,佛教沿用之。

②某甲:可以指他人也可以指自己。这里指自己。讲经:讲说经典。即公开宣讲、演说佛典之义理、内涵。有时,亦称有关佛法之专题演讲为讲经。举行讲经的场所,称为"讲席"、"讲筵"、"讲肆"、"讲座"等,讲说者称为"讲师"、"讲主"、"讲士"、"讲匠"。

③剃发:又作"薙发"、"削发"、"祝发"、"落剃"、"落饰"、"落发"、"净发"、"庄发",即出家皈依佛门时,剃除发、髭而成为僧、尼。此系佛弟子为去骄慢,且别于外道,或避免世俗之虚饰,而行剃发。

④东山法门：指五祖的法门，因五祖弘忍禅师住在蕲州黄梅之黄梅山，其山在县之东部，因而叫做"东山"。禅宗四祖道信、五祖弘忍，都住在黄梅东山，引接学人。

⑤累劫之缘：指积累许多劫所结下的缘分。累劫，指累叠众多的劫量。

译文：

印宗听了这些讲说之后，心中欢喜，恭敬地合掌礼拜，说："我对佛教经典的讲解就像砖瓦土块一样毫无价值；而仁者您谈论佛法大义，就如同纯金一样令人珍惜。"于是为惠能削发剃度，并希望拜惠能为师。惠能于是就在菩提树下，开讲五祖弘忍传授下来的佛教教法：

"惠能自从在弘忍大师那里得传教法，受尽了辛苦，生命总是危在旦夕。今天能够和韦刺史、各位官员、诸位僧尼道俗在这里相聚于法会，是许多劫以来积下的缘分成就的，也是过去世中供养礼敬佛菩萨，一同种下了善根，才有了今天听闻佛门无上的顿教法门和我获得这些教法的因由。此顿教法门都是历代佛祖所传授下来的，并不是我惠能个人的智慧。如果希望倾听先圣教谕的，都各自让自己内心清净，听了教谕之后，各自去除心中痴疑惑障，那样就和先圣前贤们没什么区别了。"

所有人听了教法，内心欢喜，礼拜之后退了出去。

般若品第二

　　本品讲述应韦刺史的请益,惠能大师为众人开示"摩诃般若波罗密多"即"大智慧度"的意思,"摩诃"为"大","般若"即"智慧","波罗密"为"到彼岸",从而阐述了般若智慧的本意。还进一步指出"凡夫即佛,烦恼即菩提"、"前念迷即凡夫,后念悟即佛"、"前念著境即烦恼,后念离境即菩提"的宗趣,即不开悟,佛是众生,一念开悟,众生是佛,一切佛法都在人自心之中,要在自心之中当下顿见真如本性。

　　次日,韦使君请益①,师升座,告大众曰:"总净心念'摩诃般若波罗密多②'。"复云:"善知识!菩提般若之智,世人本自有之,只缘心迷,不能自悟,须假大善知识,示导见性。当知愚人智人,佛性本无差别,只缘迷悟不同,所以有愚有智。吾今为说摩诃般若波罗密法,使汝等各得智慧,志心谛听,吾为汝说。

　　"善知识!世人终日口念般若,不识自性般若,犹如说食不饱。口但说空,万劫不得见性③,终无有益。

　　"善知识!摩诃般若波罗密是梵语④,此言大智慧到彼岸。此须心行⑤,不在口念。口念心不行,如幻、如化、如露、如电。口念心行,则心口相应。本性是佛，离性无别佛。何名摩诃？摩诃是大，心量广大，犹如虚空⑥，无有边畔，亦无方圆大小，亦非青黄赤白，亦无上下长短，亦无嗔无喜，无是无非，无善无恶，无有头尾。诸佛刹土⑦，尽同虚空。世人妙性本空，无有一法可得。自性真空⑧，亦复如是。

"善知识！莫闻吾说空，便即著空。第一莫著空；若空心静坐，即著无记空⑨。

"善知识！世界虚空，能含万物色像，日月星宿，山河大地，泉源溪涧，草木丛林，恶人善人，恶法善法，天堂地狱，一切大海，须弥诸山⑩，总在空中。世人性空，亦复如是。

"善知识！自性能含万法是大，万法在诸人性中。若见一切人恶之与善，尽皆不取不舍，亦不染著，心如虚空，名之为大，故曰'摩诃'。

注释：

①请益：本为《礼记》、《论语》中的用语，即学人请示老师教诲的意思。佛教中指高僧大德对弟子讲法，先有所予，弟子复有所请教，称之为"请益"。

②摩诃般若波罗密多：梵语。摩诃，是"大"的意思。般若，指智慧之意。波罗密，即"到彼岸"。全译为"大智慧度"，意谓乘此大智慧则能由生死苦海渡到涅槃彼岸。

③万劫：指经历世界之成坏一万次，即言时间极长。劫，是指分别世界成坏之时的量名，为古印度表示时间的最大单位。

④梵语：又称"天竺语"，古印度之标准语。古印度人认为自己所说的语言，乃是禀承大梵天王所说而来的，故称"梵语"。相对于一般民间所用之俗语，梵语又称"雅语"。

⑤心行：心内之作用、活动、状态、变化，如自心之喜爱、喜好，心之对象，心之作用所及范围，心之志向、心愿、性向、决心等，于心所起之分别意识、妄想、计较等。

⑥虚空："虚"与"空"都是"无"的别名。虚无形质，空无障碍，故名"虚空"。佛教中往往以虚空譬喻广大无边，譬喻无变易的常性以及无碍、无分别、容受之义。

⑦刹土：指国土。刹，即梵语"差多罗"，意译为"土田"。

⑧真空：真如之理体，远离一切迷情所见之相，杜绝"有""空"之相对，故称"真空"。以其非假，故称"真"；以其离相，故称"空"。

⑨无记空：于善不善皆不可记别的空。

⑩须弥诸山：指须弥山及其外围的八个山。须弥山意译作"妙高山"，此山是由金、银、琉璃、水晶四宝所成，所以称"妙"，诸山不能与之相比，所以称"高"。又高有八万四千由旬，阔有八万四千由旬，为诸山之王，故得名"妙高"。此山为一小世界的中心，周围有八山、八海环绕，其外围的八个山就是持双、持轴、檐木、善见、马耳、象鼻、持边、铁围，而形成一世界须弥世界。

译文：

第二天，韦刺史请惠能大师继续讲法，大师于讲坛上就座，对大家说："大家都清净自心，念诵'摩诃般若波罗密多'。"又说："善知识！菩提般若智慧，世上的人本来都有，只是由于自性蒙昧迷惑，而不能自我开悟，必须借助于极富有智慧的大善知识的开示引导，才能见到自己的本性。我们应该知道愚人和智人，他们的佛性都是没有差别的，只是由于迷惑和开悟的状态不同，所以才有了愚智之分。我今天为你们说摩诃般若波罗密法，使你们各自都得到智慧，用心仔细倾听，我来为你们讲。

"善知识！世上的人们整天嘴里念诵般若，寻找智慧，却没有认识到自我本性中存在的般若智慧，这就好比嘴里说各种食物是不能使人肚子饱的。寻求般若智慧如果只是嘴上空说，虽历经万劫，也是永远不能明心见性，终究对学法是没有增益的。

"善知识！摩诃般若波罗密是梵语，意思是大智慧到彼岸。这必须要内心体认，而不是口头上说。嘴上说而内心不体认，一切将如同梦幻泡影，如露如电，转瞬即逝全都是空。口中念诵，内心体认，才能心口一致，相互契合。人的清净本性就是佛，离开自性没有别的成佛的可能。什么叫摩诃呢？摩诃是大的意思，人心广大无限，就像虚空一样，没有形质，没有障碍，没有边际，不是方形圆形，没有大小，没有青黄赤白之色，也没有上下长短，没有嗔怒欢喜，没有善恶对错，没有开端和尽头等。佛性境界，都等同于虚空。世上之人的本性其体本空，含一切万法，不舍一切法。所谓自我本性为真空妙有，也是这个道理。

"善知识！不要听我谈论空，便立刻又执著于对空的追求。首先是不要执著于空；如果一味什么也不想地坐在那里，虽无善恶分别，但又落入虚妄的无记空了！

"善知识！世界虚空，却能包含万事万物，各种现象：日月星辰，山河大地，泉源溪涧，草木丛林，恶人善人，恶法善法，天堂地狱，所有的大海，须弥山及其周围的山，都全部含纳于虚空之中。世人的自性真空，也是这样的。

"善知识！能含藏一切万法，这就是大。万法存在个人的自性本心之中。如果看到一切人的善和恶，都能够不生取舍之心，也不被沾染，不起执著，心如同虚空一样，这样就称之为大，所以称为'摩诃'。

"善知识！迷人口说，智者心行。又有迷人，空心静坐，百无所思，自称为大。此一辈人，不可与语，为邪见故[1]。

"善知识！心量广大，遍周法界[2]。用即了了分明，应用便知一切。一切即一，一即一切，去来自由，心体无滞，即是般若。

"善知识！一切般若智，皆从自性而生，不从外入，莫错用意，名为真性自用。一真一切真。心量大事[3]，不行小道。口莫终日说空，心中不修此行。恰似凡人自称国王，终不可得，非吾弟子。

"善知识！何名般若？般若者，唐言智慧也[4]。一切处所，一切时中，念念不愚，常行智慧，即是般若行。一念愚即般若绝，一念智即般若生。世人愚迷，不见般若。口说般若，心中常愚。常自言我修般若，念念说空，不识真空。般若无形相，智慧心即是，若作如是解，即名般若智。

"何名波罗密？此是西国语，唐言到彼岸，解义离生灭。著境生灭起⑤，如水有波浪，即名为此岸；离境无生灭，如水常通流，即名为彼岸，故号波罗密。

"善知识！迷人口念，当念之时，有妄有非。念念若行，是名真性⑥。悟此法者，是般若法，修此行者，是般若行。不修即凡，一念修行，自身等佛。

"善知识！凡夫即佛⑦，烦恼即菩提⑧。前念迷即凡夫，后念悟即佛。前念著境即烦恼，后念离境即菩提。

注释：

①邪见：指不正之执见。凡是不合正法的外道之见都可叫做"邪见"。

②法界：为"十八界"之一。广义泛指有为、无为之一切诸法，称为"法界"。法界又称"法性"、"实相"。法界之义有多种，以二义释之：一就事，一约理。就事而言，法者诸法也，界者分界也。诸法各有自体，而分界不同故名"法界"。约理而言，法相华严之释意，指真如之理性而谓之法界。或谓之真如法性、实相、实际，其体一也。

③心量大事：指开发真如心量，是转迷开悟的大事。心量，指心起妄想，对外境起种种度量。大事，指转迷开悟之事。

④唐言：就是指汉语。

⑤著境生灭起：指由于人们追求一切外在的现象，产生了行为、语言、思想方面的"错误"行动，继而引起生死轮回。境，指人的感觉和思维器官所感知和认识的对象，泛指一切认知对象。

⑥真性：不妄不变之真实本性，乃人本具之心体。佛教主张人所具之真性与佛菩萨之真性本无二致。不妄叫"真"，不变叫"性"。

⑦凡夫：略称"凡"，指凡庸之人，迷惑事理和流转生死的平常人。就修行阶位而言，则未见四谛之理而凡庸浅识者，均称"凡夫"。

⑧烦恼：又作"惑"。烦是扰义，恼是乱义，扰乱有情故名"烦恼"，使有情之身心发生恼、乱、烦、惑、污等精神作用之总称。一般以"贪、嗔、痴"三惑为一切烦恼之根源。

译文：

"善知识！执迷不悟的人终日口头空说，智慧开悟的人用心体认。还有一种愚迷蒙昧的人，绝弃思考，死心静坐，什么一切都不思考，自己妄称这就是大。这一种人，不能与他谈法，因为他持不正的执见。

"善知识！自性本心广博浩大，含藏遍布一切对象和常物。其功用便是能使一切清楚明白，运用它便能体认一切。一切都在本心，本心含藏一切，去来自由，无所滞碍，这就是般若之智。

"善知识！一切般若知识，都是从自性中生发出来的，而不是从外在附加进去的。千万不能体会错了用心和含意，才能称为体用真正的自我本性。以此本性真实不虚，则观一切万法皆是真实不虚。转迷开悟的大事，不能用空心静坐这些小道来获得。嘴上不要整天说空而心中不修行体认。就好比平头百姓称自己为王，但他终究成不了王，这种人不属于我的弟子。

"善知识！什么叫作般若？般若，汉语就是智慧的意思。在在处处，时时刻刻，心心念念都不痴迷愚昧，而能常起用智慧观照，这就是修行般若。任何一个念头转入迷愚，般若智慧便立刻灭绝，一个念头开悟，般若智慧又立刻生起。世上的人愚迷不悟，都无法体认般若智慧。嘴上谈论着般若，心中却时时愚迷不悟。常常自己称自己在修行般若，但时时都说空且执著于空，而不能识见真空。般若智慧没有形态相状，人的智慧之心就是般若，如果作这样的理解，就是般若智慧。

"什么是波罗密？这是印度语，汉语意思是到彼岸，解释它的意思就是离生死。执著于外境一切事物现象，就会产生生灭的心念，如同水生起了波浪，这种情形称为此岸；不执著于外境一切事物现象，就无生灭，如同通流无碍的水一样自然，这称为彼岸，所以叫波罗密。

"善知识！愚迷不悟的人口中念诵的时候，就产生了妄念和是非之心。如果时时刻刻能够心行，就称为不妄不变的真性。悟到的这个法就是般若法，修这个法的就是般若行。不修就是凡夫俗子，一念修行，自身就与佛等同无异。

"善知识！凡夫俗子就是佛，烦恼就是菩提，二者本无差别。前一念痴迷愚昧则就是凡夫，后一念转迷得悟则当下就是佛。前一念执著于外境则就是烦恼,后一念超离外境则当下是佛。

"善知识!摩诃般若波罗密,最尊最上最第一,无住无往亦无来①,三世诸佛从中出②。当用大智慧,打破五蕴烦恼尘劳③,如此修行,定成佛道,变三毒为戒定慧④。

"善知识!我此法门⑤,从一般若生八万四千智慧。何以故?为世人有八万四千尘劳。若无尘劳,智慧常现,不离自性。悟此法者,即是无念⑥。无忆无著,不起诳妄,用自真如性⑦,以智慧观照,于一切法,不取不舍,即是见性成佛道。

"善知识!若欲入甚深法界及般若三昧者⑧,须修般若行,持诵《金刚般若经》,即得见性。

注释:

①无住:指无固定之实体;或指心不执著于一定对象,不失其自由无碍之作用者,又称"不住"。法无自性,无自性故,无所住著,随缘而生。住,意为住著之所。

②三世诸佛:三世为过去世、现在世、未来世,三世诸佛即过去、现在、未来等三世之众多诸佛,统称"全宇宙中之诸佛"。又作"一切诸佛"、"十方佛"、"三世佛"。在佛教成立的当时,释迦牟尼佛称为"现在佛",在释迦牟尼佛以前的一切佛称为

"过去佛"，在释迦牟尼佛以后成佛的称为"未来佛"。统指出现于三世的一切佛。

③尘劳：为"烦恼"的异称。贪嗔等烦恼，能染污心，犹如尘垢能使身心劳惫，谓为"尘劳"。

④三毒：指"贪、嗔、痴"三种烦恼。贪是贪爱五欲，嗔是嗔恚无忍，痴是愚痴无明，一切烦恼本通称为"毒"，然此三种烦恼，系毒害众生出世善心中之最甚者，故特称"三毒"。为根本烦恼之首。贪毒引取无厌之心，嗔毒引起恚怨之心，痴毒引起迷暗之心。

⑤法门：即佛法、教法。佛所说，而作为世间之准则者，称为"法"；此法既为众圣入道的通处，又为如来圣者游履之处，故称为"门"。

⑥无念：即无妄念之意，"正念"的异名，指意识没有存有世俗的忆想分别，而符合真如之念。

⑦真如：真实而永远不变者，故称之为"真如"。真，真实不虚妄之意。如，不变其性之意，即指遍布于宇宙中真实的本体，为一切万有之根源。又作"如如"、"如实"、"法界"、"法性"、"实际"、"实相"、"如来藏"、"法身"、"佛性"、"自性清净身"、"一心"、"不思议界"。

⑧般若三昧：得到智慧的正定功夫。

译文：

"善知识！摩诃般若波罗密，最尊贵，最至上，最第一位，它随缘而起，无来无往。过去世、现在世、未来世，三世诸佛，都是从这里产生的。应当运用这个大智慧,破斥消除人的烦恼,这样来修行,一定能成就佛道,将贪、嗔、痴三毒转化为戒、定、慧三学。

"善知识!我这个法门,能由这个无上般若智慧生出八万四千智慧。这是什么原因呢?由于世上的人原本有八万四千烦恼。如果没有烦恼,智慧时常显现,就不离自我本性。悟到了这个法门,就是正念。不迷恋,不执著,不产生狂妄之心,运用自己本具佛性,以智慧审视观察,对于一切事物现象,不执著不舍弃,就是明心见性,成就佛道。

"善知识!如果要想深入研究佛法和般若三昧,必须修行般若,奉持念诵《金刚般若波罗密经》,就能明白本心,体见本性。

"当知此经功德①,无量无边。经中分明赞叹,莫能具说。此法门是最上乘,为大智人说,为上根人说。小根小智人闻,心生不信。何以故?譬如天龙下雨于阎浮提②,城邑聚落,悉皆漂流,如漂枣叶。若雨大海,不增不减。若大乘人,若最上乘人,闻说《金刚经》,心开悟解,故知本性自有般若之智,自用智慧,常观照故,不假文字。譬如雨水,不从天有,元是龙能兴致,令一切众生、一切草木、有情无情,悉皆蒙润。百川众流,却入大海,合为一体。众生本性般若之智,亦复如是。

"善知识!小根之人,闻此顿教,犹如草木根性小者,若被大雨,悉皆自倒,不能增长。小根之人,亦复如是。元有般若之智，与大智人更无差别，因何闻法不自开悟？缘邪见障重③，烦恼根深，犹如大云覆盖于日，不得风吹，日光不现。般若之智亦无大小，为一切众生自心迷悟不同。迷心外见，修行觅佛，未悟自性，即是小根；若开悟顿教，不执外修，但于自心常起正见，烦恼尘劳，常不能染，即是见性。

　　"善知识！内外不住，去来自由，能除执心，通达无碍。能修此行，与般若经本无差别④。

　　"善知识！一切修多罗及诸文字⑤，大小二乘⑥，十二部经⑦，皆因人置，因智慧性，方能建立。若无世人，一切万法本自不有。故知万法本自人兴，一切经书，因人说有。缘其人中有愚有智，愚为小人，智为大人。愚者问于智人，智者与愚人说法，愚人忽然悟解心开，即与智人无别。

注释：

①功德：意指功能福德，亦谓行善所获的果报。德，得也。

②阎浮提：原本系指印度之地，后则泛指人间世界，就是我们现在所住的娑婆世界。阎浮，是树的名称。提，是洲的意思。

③障：又作"碍"，全称"障碍"、"覆蔽"的意思，指障害涅槃、菩提，遮害出离的烦恼，是"烦恼"的异名。

④般若经：说般若波罗密之理的经典总名。旧译"般若波罗密经"，新译为"般若波罗密多经"，有数十部。

⑤修多罗：指佛教经典。

⑥大小二乘：一曰大乘，二曰小乘。大乘乃大人之乘，小乘者，小人之乘。大乘是菩萨的法门，以救世利他为宗旨；小乘是声闻、缘觉的法门，以修身自利为宗旨。若从经藏里的经本分之，四阿含等罗汉系经典为小乘，华严等菩萨系经典为大乘。

⑦十二部经：乃佛陀所说法，依其叙述形式与内容分成之十二种类，又作"十二分教"、"十二分圣教"、"十二分经"，乃指佛经体例上的十二种类别。在中国佛教中，十二部经泛指一切佛典。

译文：

"要知道这部经的功德，是无量无边的。经中有对此赞叹的内容，说得明明白白，这里不再一一细说。这个法门是最上乘的，是专为有大智慧的人说的，是为上等根器的人说的。小根器禀性、小智慧的人听了，心中反会生出不信。这是什么缘故呢？比如天龙降大雨在我们居住的这个世界，城池村落，全部会被雨水冲垮，如同树叶一般随波漂流。如果大雨是落在大海之中，则大海不会有丝毫增减损益。像大乘根器的人，像最上乘根器的人，听到《金刚经》就会开悟。所以我们知道本性中原本就含有般若智慧，自己运用智慧，时常审视观察，遍照明了一切，不需要借助任何文字。好比雨水，并不是天上本有才下落于世，而是龙能兴云致雨，使一切众生，一切草木，有情和无情，都蒙受润泽。一切河流，都归大海，合为一个整体。众生本性的般若智慧，也是这样。

"善知识！小根器禀性的人；听说了顿教教法，如同根浅枝弱的草木，一旦被大雨冲刷，全部自己倒伏在地，不能再生长了。小根器的人也是如此，原本具有般若智慧，与大根器大智慧的人，别无二样，为什么听说佛法却不能自己开悟呢？只因为错误的见解障碍深重，烦恼根植于心中太深，好像浓重的乌云遮蔽了太阳，又得不到风的吹动，阳光无法显现出来。般若智慧也是没有大小之分的，只是因为一切众生自己心中迷障和开悟的程度不一样。愚迷的人只见心外，向外求法，苦觅佛道，没有悟得自我本性，这就是小根器小禀性的人。如果顿悟法门，不用心外修行，只要自我本心中时常升起正确见地，一切烦恼不能浸染，这就是认识自我本性。

　　"善知识！对内境和外境都不能执著，来去自由，能够去除执著之心，就能通达而无阻碍。能够如此修行，所达到的境界就和《般若经》所说的无差别。

　　"善知识！一切经典和文字，大乘小乘经典，十二部经，都是因为人而设置的，因为人本自具有智慧之性，所以佛法能够建立。如果没有世人，一切事物和现象原本也都不能呈现。由此可知一切事物现象原本是由人所兴现的，一切经文佛典，因人讲说而存在，为人而设的。由于世界上的人中有愚迷的，也有智慧的，愚迷的是小根器的人，智慧的是大根器的人。愚迷的人向智慧的人请教，智慧的人给愚迷的人说法，愚迷的人忽然开解得悟，随即他的境界就与智慧的人没有差别了。

　　"善知识！不悟即佛是众生；一念悟时，众生是佛。

故知万法尽在自心，何不从自心中，顿见真如本性？

"《菩萨戒经》云[1]：'我本元自性清净，若识自心见性，皆成佛道。'《净名经》云[2]：'即时豁然，还得本心。'

"善知识！我于忍和尚处，一闻言下便悟，顿见真如本性。是以将此教法流行，令学道者顿悟菩提，各自观心，自见本性。若自不悟，须觅大善知识，解最上乘法者[3]，直示正路。是善知识有大因缘[4]，所谓化导令得见性。一切善法[5]，因善知识能发起故。三世诸佛，十二部经，在人性中本自具有，不能自悟，须求善知识，指示方见。若自悟者，不假外求。若一向执谓须他善知识方得解脱者，无有是处。何以故？自心内有知识自悟。若起邪迷，妄念颠倒[6]，外善知识虽有教授，救不可得。若起正真般若观照，一刹那间，妄念俱灭。若识自性，一悟即至佛地[7]。

"善知识！智慧观照，内外明彻，识自本心。若识本心，即本解脱。若得解脱，即是般若三昧，即是无念。何名无念？若见一切法，心不染著，是为无念。用即遍一切处，亦不著一切处。但净本心，使六识出六门[8]，于六尘中无染无杂[9]，来去自由，通用无滞，即是般若三昧，自在解脱，名无念行。若百物不思，当令念绝，即是法缚，即名边见[10]。

注释：

①《菩萨戒经》：佛教戒律书。姚秦鸠摩罗什译《梵网经·菩萨心地戒品第十》，此经主要讲述大乘佛教的"十重戒"和"四十八轻戒"。

②《净名经》：《维摩诘经》的通称和异名。玄奘将《维摩诘经》译为《无垢称经》，玄奘以后则皆以《净名经》称之。

③解最上乘法者：指懂得禅宗教义的人。

④因缘：为"因"与"缘"之并称。因，指引生结果之直接内在原因。缘，指由外来相助之间接原因。凡一事一物之生，本身的因素叫做"因"，旁助的因素叫做"缘"。例如稻谷，种子为因，泥土、雨露、空气、阳光、肥料等为缘，由此种种因缘和合而谷子得以生长。

⑤善法：为"恶法"之对称，指合乎于善的一切道理，即指五戒、十善、三学、六度。

⑥妄念：指虚妄的心念，即无明或迷妄的执念。因凡夫之迷心不知一切法的真实义，遍计构画颠倒而产生错误的思考。据大乘起信论载，妄念能搅动平等之真如海，而现出万象差别之波浪，若能远离，则得入觉悟之境界。

⑦佛地：通教十地之第十位。谓第九地之菩萨最后顿断烦恼所知二障之习气而成道之位也，即达到成佛的地位。

⑧六识：指眼、耳、鼻、舌、身、意等六种认识作用，即以眼、耳、鼻、舌、身、意等六根为依，对色（显色与形色）、声、香、味、触、法（概念及直感的对象）等六境，产生见、闻、嗅、味、触、知等了别作用的眼识、耳识、鼻识、舌识、身识、意识等。识、境、根三

者必须同时存在。六门：眼、耳、鼻、舌、身、意六根也叫"六门"。

⑨六尘：指色尘、声尘、香尘、味尘、触尘、法尘等六境，又作"外尘"、"六贼"。众生以"六识"缘"六境"而遍污"六根"，能昏昧真性，故称为"尘"。此六尘在心之外，故称"外尘"。此六尘犹如盗贼，能劫夺一切善法，故称"六贼"。

⑩边见："五见"之一。偏于一边、不合中道、执断执常的见解名为"边见"。

译文：

"善知识！不得开悟时，佛就是众生；一念得悟时，众生都是佛。由此可知，一切都存在于自我本心之中，为什么不从自我本心中当下得悟识见真如本心呢？

"《菩萨戒经》中说：'自己的本性原来就是清净的，如果识见本心，明见心性，都能成就佛道。'《净名经》说：'当下豁然开悟，就能够得以识见本心。'

"善知识！我在弘忍大和尚那里，一听到佛法便开悟，顿悟识见真如本性。故而我将这顿教教法流布行化，让学道的人都开悟顿见佛法的无上智慧，各自观照本心，识见本性。如果自己不能开悟，必须找寻大的善知识，找寻能理解最上乘佛法的人，直接指示正确的开悟之路。作为善知识，他们都与佛法有很大的因缘，通过所谓的教化和引导，令人得见自我本性。一切正确的道理，都是由于善知识们发起流布的。过去、现在和未来的一切佛，十二部经，在人的本性中是本来具备的，如果不能自我开悟，必须求助于善知识，通过他们的指导开示识见本心。如果能够自我开悟，是不需求助于外力的。如果总是执著，声称必须依赖别的善知识，才能得到解脱，这样一点不正确。这是什么缘故？是因为自己心中原本具足一切智慧。如果自我生起邪见愚迷，被虚妄心念颠倒，外在的善知识尽管有所教导指授，也不可能救得了你。如果生起真正的般若智慧进行观照，瞬间刹那，虚妄心念全部寂灭。如果识见自我本性，一下开悟便达到佛的境地。

"善知识！运用智慧观察映照，心内心外通明透彻，识见自我本心。如果识见自我本心，就是根本解脱。如果得到解脱，就是般若三昧，就是无念。什么叫做无念？如果识见一切事物现象，本心不执著、不被染污，就叫做无念。运用时能遍及一切地方处所，又不执著于任何一处。只要使本心清净无染，使眼识、耳识、鼻识、舌识、身识、意识六识从眼、耳、鼻、舌、身、意六门中空去，在色、声、香、味、触、法六尘中不被浸染，不被扰杂，来去自由，运用通达无所滞碍，就是般若三昧，就是解脱得大自在，称之为无念修行。如果任何事物都不思虑，一任心念绝灭，又是执著于法，为法所缚了，这叫作偏于一边的恶见，落于片面了。

"善知识！悟无念法者，万法尽通；悟无念法者，见诸佛境界；悟无念法者，至佛地位。

"善知识！后代得吾法者，将此顿教法门，于同见同行，发愿受持①，如事佛故，终身而不退者，定入圣位②。然须传授从上以来默传分付③，不得匿其正法。若不同见同行，在别法中，不得传付，损彼前人，究竟无益。恐愚人不解，谤此法门，百劫千生，断佛种性④。

　　"善知识！吾有一无相颂⑤，各须诵取。在家出家，但依此修。若不自修，惟记吾言，亦无有益。听吾颂。"曰：

　　　　说通及心通，如日处虚空；
　　　　唯传见性法，出世破邪宗。
　　　　法即无顿渐，迷悟有迟疾；
　　　　只此见性门，愚人不可悉。
　　　　说即虽万般，合理还归一；
　　　　烦恼暗宅中，常须生慧日。
　　　　邪来烦恼至，正来烦恼除；
　　　　邪正俱不用，清净至无余。
　　　　菩提本自性，起心即是妄；
　　　　净心在妄中，但正无三障⑥。
　　　　世人若修道，一切尽不妨；
　　　　常自见己过，与道即相当。
　　　　色类自有道⑦，各不相妨恼；
　　　　离道别觅道，终身不见道。
　　　　波波度一生，到头还自懊；
　　　　欲得见真道，行正即是道。
　　　　自若无道心，暗行不见道；
　　　　若真修道人，不见世间过。

若见他人非，自非却是左；

他非我不非，我非自有过。

但自却非心，打除烦恼破；

憎爱不关心，长伸两脚卧。

欲拟化他人，自须有方便；

勿令彼有疑，即是自性现。

佛法在世间，不离世间觉；

离世觅菩提，恰如求兔角。

正见名出世，邪见是世间；

邪正尽打却，菩提性宛然。

此颂是顿教，亦名大法船；

迷闻经累劫，悟则刹那间。

师复曰："今于大梵寺说此顿教，普愿法界众生言下见性成佛。"时韦使君与官僚、道俗闻师所说，无不省悟。一时作礼，皆叹："善哉！何期岭南有佛出世！"

注释：

①发愿：又作"发大愿"、"发愿心"、"发志愿"、"发无上愿"，发起誓愿的意思。受持：指受者以信力领受于心，持者以念力忆而不忘。

②圣位：三乘人证得菩提之果位，指断尽见惑之初果圣者。

③默传：即"默传心印"。于禅宗，师家教导弟子不以言语或文字直言明示，而以心传心，令其自悟佛法奥义，见性成佛。

默，指知解，并非是"绝无一言"。

④断佛种性：断绝佛性，永远不能成佛。

⑤无相：为"有相"的对称，即无形相的意思。于一切相，离一切相，即是无相。因为涅槃超离一切虚妄之相，所以"无相"也是"涅槃"的别名。

⑥三障：三种障碍，又作"三重障"，指障碍圣道之烦恼障、业障、异熟障（果报障）。

⑦色类：有各种物质形体的众生，一般指世间的一切人。

译文：

"善知识！领悟了无念法门的人，就通达了一切法；领悟了无念法门的人，就识见佛的境界；领悟了无念法门的人，就达到了佛的果位。

"善知识！后代得到我所授法门的人，需要将这顿教法门，和与他见地相同、立志同修的人，一起发起誓愿领受护持，如同奉礼敬佛一样，一生不消退信力，因这个缘故，必定能达到佛的圣位。然而必须传付指授从佛祖以来的以心传心的默传教法，不得隐匿宗门正法。如果不与见地相同、行法相同的人一起同修，在信奉外教的人之中，不可传法付嘱，这样对先圣前贤有损，终究是没有好处的。因为愚昧痴妄的人不能理解，反会毁谤这个法门，这样的人就会百劫千生永远断了佛性的种子，不能成佛了。

"善知识！我有一个无相颂，大家各自都要念诵记取。无论在家居士还是出家僧人，须依照这个颂去修。如果自己不

依此修行,仅仅是记住我的话,也是没有用处的。诸位听我的
颂。"颂词说:

　　　　说通及心通,如日处虚空;
　　　　唯传见性法,出世破邪宗。
　　　　法即无顿渐,迷悟有迟疾;
　　　　只此见性门,愚人不可悉。
　　　　说即虽万般,合理还归一;
　　　　烦恼暗宅中,常须生慧日。
　　　　邪来烦恼至,正来烦恼除;
　　　　邪正俱不用,清净至无余。
　　　　菩提本自性,起心即是妄;
　　　　净心在妄中,但正无三障。
　　　　世人若修道,一切尽不妨;
　　　　常自见己过,与道即相当。
　　　　色类自有道,各不相妨恼;
　　　　离道别觅道,终身不见道。
　　　　波波度一生,到头还自懊;
　　　　欲得见真道,行正即是道。
　　　　自若无道心,暗行不见道;
　　　　若真修道人,不见世间过。
　　　　若见他人非,自非却是左;
　　　　他非我不非,我非自有过。
　　　　但自却非心,打除烦恼破;
　　　　憎爱不关心,长伸两脚卧。

欲拟化他人，自须有方便；

勿令破有疑，即是自性现。

佛法在世间，不离世间觉；

离世觅菩提，恰如求兔角。

正见名出世，邪见是世间；

邪正尽打却，菩提性宛然。

此颂是顿教，亦名大法船；

迷闻经累劫，悟则刹那间。

大师又说："今天在大梵寺所说的这个顿教教法，衷心愿望普天下的众生听闻之后能明心见性，成就佛道。"当时韦刺史与官员们、僧人和在家俗众听了大师所讲，没有不觉悟明白的。当时都向惠能大师行礼致敬，都感叹道："太好了！谁料想岭南这个地方有真佛出现了！"

疑问品第三

　　本品通过韦刺史的疑问,阐述了何为"功德","见性是功、平等是德"、"内心谦下是功,外行于礼是德"、"不离自性是功,应用无染是德"等,指明了怀有世俗功利目的的行为和举措,即使规模再大,也非解脱层面的真功德,而是一种执著攀缘的求福行为。"功德须自性内见,不是布施供养之所求也"。针对韦刺史对于念佛往生西方极乐世界的疑问,惠能大师反问其"东方人造罪,念佛求生西方;西方人造罪,念佛求生何国"?强调心中自有净土,心净则佛土净。接着通过譬喻和进一步的解说使得众生体悟到佛向性中作,莫向身外求,成佛的唯一方法就是见性,念念见性则西方就在眼前。

　　一日,韦刺史为师设大会斋①。斋讫,刺史请师升座,同官僚士庶肃容再拜②,问曰:"弟子闻和尚说法,实不可思议。今有少疑,愿大慈悲,特为解说。"

　　师曰:"有疑即问,吾当为说。"

　　韦公曰:"和尚所说,可不是达磨大师宗旨乎?"

　　师曰:"是。"

　　公曰:"弟子闻达磨初化梁武帝③,帝问云:'朕一生造寺度僧,布施设斋④,有何功德?'达磨言:'实无功德。'弟子未达此理,愿和尚为说。"

师曰:"实无功德,勿疑先圣之言。武帝心邪,不知正法。造寺度僧,布施设斋,名为求福,不可将福便为功德。功德在法身中,不在修福。"

师又曰:"见性是功,平等是德。念念无滞,常见本性,真实妙用,名为功德。内心谦下是功,外行于礼是德。自性建立万法是功,心体离念是德。不离自性是功,应用无染是德。若觅功德法身,但依此作,是真功德。若修功德之人,心即不轻,常行普敬。心常轻人,吾我不断,即自无功。自性虚妄不实,即自无德。为吾我自大,常轻一切故。善知识! 念念无间是功,心行平直是德。自修性是功,自修身是德。善知识! 功德须自性内见,不是布施供养之所求也,是以福德与功德别。武帝不识真理,非我祖师有过。"

注释:

①大会斋:在大法会中兼用斋饭。

②士庶:士族和庶族。这里指广大信众。

③梁武帝(464—549):南朝兰陵人,姓萧名衍,字叔达。在位期间,笃信佛教,有"皇帝菩萨"之称。天监十八年(519)从钟山草堂寺慧约受菩萨戒;当时名僧僧伽婆罗、法宠、僧迁、僧旻、法云、慧超、明彻等,皆受其礼敬,并在首都建康建了大寺七百余所,僧尼讲众常聚万人。武帝一生精研佛教教理,固持戒律,四次舍身同泰寺,自讲涅槃、般若、三慧等经;著有《涅槃

经》、《大品经》、《净名经》、《三慧经》等之义记数百卷。后因侯景起兵反叛，攻陷建康，于太清三年（549）饿死于台城。在位四十八年，世寿八十六。

④布施：即以慈悲心而施福利于人的意思。为"六波罗密"之一，再加上法施、无畏施二者，扩大布施之意义。亦即指施予他人以财物、体力、智慧等，为他人造福成智而求得累积功德，以致解脱的一种修行方法。

译文：

一天，韦刺史为惠能大师举行大法会兼施斋饭。斋饭完毕后，刺史请大师登上讲坛开讲，自己同其他官员及广大信众，整肃仪容，两次庄重行礼致敬，问道："弟子听大师说法，实在微妙，令人无法心思口议。现在还有一点疑问，希望大师慈悲为怀，特地为我解说开示。"

惠能大师说："有疑惑就问吧，我自会给你解说。"

韦刺史说："请问大师您所说的是达磨大师的宗旨吗？"

惠能大师回答："是的。"

韦刺史说："弟子听说，达磨大师最初度化梁武帝，武帝问：'我一生中建造寺庙，敕度僧人，布施舍予，广设斋会，这有什么样的功德？'达磨说：'实在是没什么功德。'弟子我不能理解这个道理，希望大师为我解说。"

惠能大师说："实在是没什么功德的，请不要怀疑先圣前贤的话。梁武帝心中生起邪见，不能理解正法。建造寺庙，敕度僧人，布施舍予，广设斋会，这个叫作求获福报，却不可以把求福认为是功德。身具一切佛法,功德自存其中,而不在于行善求获福报。"

惠能大师又说:"明心见性就是功,平等无二就是德。每一刹那都无所滞碍,时常照见本心自性,真实不虚,发挥妙用,这就是功德。内心谦虚处下就是功,外行合乎于理就是德。自我本性含藏万法就是功,自心本体超离俗念妄想就是德。不离开自心本性是功,运用自心本性而无所浸染是德。如果寻求功德的本性,只要依照这些来做,就是真正的功德。如果是修功德的人,心中就不会产生轻视,而始终奉行广泛的敬心。心中时常轻视他人,自我的执见不能断灭,就自然是没有功的。自我心性如果虚妄不真实,就自然是没有德的。是因为一贯以自我为大,我执太重,时常轻视一切的缘故。善知识!时时刻刻,念念之间无有中断就是功,依平常心顺直而行就是德。自我修行本性是功,自我修行身行是德。善知识!功德必须在自心本性中识见,而不是通过布施舍予,供养奉侍来求得的,所以福德与功德是有区别的。梁武帝正是不能认识到这个真理,这并非是达磨祖师言行有错误。"

刺史又问曰:"弟子常见僧俗,念阿弥陀佛①,愿生西方②。请和尚说,得生彼否?愿为破疑!"

师言:"使君善听,惠能与说。世尊在舍卫城中,说西方引化,经文分明,去此不远。若论相说里数,有十万八千,即身中十恶八邪③,便是说远。说远为其下根,说近为其上智。

"人有两种，法无两般，迷悟有殊，见有迟疾。迷人念佛求生于彼；悟人自净其心。所以佛言：'随其心净即佛土净④。'

"使君东方人，但心净即无罪。虽西方人，心不净亦有愆⑤。东方人造罪，念佛求生西方；西方人造罪，念佛求生何国？

"凡愚不了自性，不识身中净土，愿东愿西；悟人在处一般。所以佛言：随所住处恒安乐。使君心地但无不善，西方去此不遥。若怀不善之心，念佛往生难到⑥。今劝善知识，先除十恶，即行十万；后除八邪，乃过八千。念念见性，常行平直，到如弹指，便睹弥陀⑦。"

注释：

①阿弥陀佛：意译"无量"。为西方极乐世界的教主。此佛光明无量、寿命无量，故称"阿弥陀佛"。

②西方：又称"西方极乐净土"，略称"西方"，即阿弥陀佛之极乐净土，指西方极乐世界。

③十恶：即一、杀生；二、偷盗；三、邪淫；四、妄语；五、两舌，即说离间语、破语；六、恶口，即恶语、恶骂；七、绮语，即杂秽语、非应语、散语、无义语。乃从染心所发者；八、贪欲，即贪爱、贪取、悭贪；九、嗔恚；十、愚痴。八邪：即反于"八正道"者。一邪见、二邪思惟、三邪语、四邪业、五邪命、六邪方便、七邪念、八邪定。

④随其心净即佛土净：出自《维摩诘经·佛国品》，只要心地清净便是佛国净土。

⑤愆：罪过。

⑥往生：往弥陀如来的极乐净土，谓之"往"，化生于彼土莲花中，谓之"生"。谓命终时生于他方世界。通常又以"往生"为"死"之代用词。

⑦便睹弥陀：是往生西方极乐世界的象征。

译文：

韦刺史又问："弟子常常看到出家人和在家人，口中念诵阿弥陀佛名号，希望往生西方。请大师讲讲，能够往生到那里吗？希望大师为我们破斥疑惑。"

大师说："韦刺史好好听着，惠能我向你解说。释迦牟尼当年在舍卫城里，说到接引度化到西方极乐世界时，经文中说得清楚明白，西方极乐世界离现世并不遥远。但如果论相状来说里数，则有十万八千里之远，若从自性上说，就是身心中有十恶八邪的障碍，所以说遥远不可及。说它远是针对根器下等的人而言，说近则针对的是具有上等智慧的人。

"人固然有这两种之分，但佛法却没有这样的两种分别，只是因为愚迷和开悟的不同，所以识见本心就有快慢之别。愚迷的人称名念佛，祈求往生西方极乐；开悟的人则自我清净本心。所以佛说：'自我本心清净，也就是佛土清净。'

"韦刺史你是东方人，只要自心清净便没有罪业。尽管是西方人，若自心不清净也是有罪业的。东方人造罪业，还可以称名念佛祈求往生西方；西方人若造罪业，称名念佛又求往哪一方呢？

"凡夫愚迷不能了达自我本性，不能识见自身中存有净土，希望往生东方、往生西方；而了悟的人，在哪里都一样，别无二致。所以佛说：依随你所在的地方而保持恒久安乐。韦刺史心中只要没有不善之念，西方极乐世界就离此并不遥远。如果心中怀有不善之念，即使称名念佛也无法往生西方极乐。现在我奉劝诸位善知识，先消除十恶，那么你就已经行了十万里；再除去八邪，你就又过了八千里。时时刻刻明见本性，如常直了修行，到西方极乐世界便容易得有如弹指一挥间，便能够亲见阿弥陀佛。"

"使君但行十善①，何须更愿往生？不断十恶之心，何佛即来迎请？若悟无生顿法，见西方只在刹那；不悟念佛求生，路遥如何得达？惠能与诸人移西方于刹那间，目前便见，各愿见否？"

众皆顶礼云②："若此处见，何须更愿往生？愿和尚慈悲，便现西方，普令得见。"

师言："大众！世人自色身是城③，眼耳鼻舌是门。外有五门，内有意门。心是地，性是王。王居心地上，性在王在，性去王无。性在身心存，性去身心坏。佛向性中作，莫向身外求。

"自性迷即是众生，自性觉即是佛。慈悲即是观音，喜舍名为势至。能净即释迦，平直即弥陀。

"人我是须弥④，邪心是海水，烦恼是波浪，毒害是恶龙，虚妄是鬼神，尘劳是鱼鳖，贪嗔是地狱⑤，愚痴是畜生。

"善知识！常行十善，天堂便至⑥；除人我，须弥倒；去邪心，海水竭；烦恼无，波浪灭；毒害除，鱼龙绝。自心地上觉性如来，放大光明，外照六门清净，能破六欲诸天⑦。自性内照，三毒即除，地狱等罪，一时销灭，内外明彻，不异西方。不作此修，如何到彼？"

大众闻说，了然见性。悉皆礼拜，俱叹善哉！唱言："普愿法界众生，闻者一时悟解。"

注释：

①十善：即"十善业"，乃身口意三业中所行之十种善行为。反之，身口意所行之十种恶行为，称为"十恶"；远离十恶，不犯十恶，则谓之"十善"。

②顶礼：即两膝、两肘及头着地，以头顶敬礼，承接所礼者双足。向佛像行礼，舒二掌过额、承空，以示接佛足。又叫作"头顶礼敬"、"头面礼足"、"头面礼"。其义同于"五体投地"、"接足礼"。印度最上之敬礼，以我所高者为顶，彼所卑者为足；以我所尊，敬彼所卑者。

③色身：指有形质之身，即肉身。由四大等色法所组成的肉身。反之，无形者称为"法身"，或"智身"。

④人我是须弥：佛教认为世人由于自我的"我执"、"法执"造下了须弥山一般高的罪业，"人我是须弥"就是人我之执犹如高山障碍的正道。

⑤地狱：译为"不乐"、"可厌"、"苦具"、"苦器"、"无有"等，"六道"中最苦的地方。其依处在地下，因谓之地狱。凡所处的地方，只有苦受而没有喜乐的环境，皆可比喻为地狱。

⑥天堂：又作"天宫"，与"地狱"对称。指天众所住的天上宫殿，即善人死后，依其善业所至受福乐的处所。凡所处的地方，能有随心享乐的环境，皆可比喻为天堂。

⑦六欲诸天：欲界有六重天，谓之"六欲天"：一、四王天（有持国、广目、增长、多闻四王，故名"四王天"）；二、忉利天；三、夜摩天；四、兜率天；五、乐变化天；六、他化自在天。

译文：

惠能大师继续说道："韦刺史只要奉行十善，又何必要再去往生西方极乐世界呢？如果不断灭十恶之心，又有什么佛来迎请接引你往生西方呢？如果悟了没有生灭的顿教教法，亲见西方极乐世界，只不过是瞬间就能达到的；不能开悟而称名念佛，但求往生，路有十万八千里之远，又如何能达到呢？惠能我能给诸位在一瞬之间搬来西方极乐世界，眼下便能看到。各位是否希望看到？"

众人都向大师行大礼，说："如果在这里能见，哪还需要再发愿往生西方呢？希望大师慈悲为怀，立刻就显现出西方来，让大家都得以看到。"

惠能大师说："各位，世上的人的肉身就如同一座城池，眼睛耳朵鼻子舌头等好像是城门。外面有五个门，里面还有一个意念门。自心好比土地，自性好比帝王。帝王居于自心这块土地上，自性在，帝王在，自性无，帝王无。自性存在，身心存在；自性缺失，身心大坏。作佛要向自性中去求得，切不要向身外去求索。

"自我本性愚迷时，佛也是众生；自我本性觉悟时，众生就是佛。能以慈悲为怀，当下就成观音；能乐于施舍，现在就是大势至菩萨。能自性清净就是释迦牟尼，能平等直了就是阿弥陀佛。

"有人我二执时，障碍升起如同须弥山，邪见心念如同无尽大海，烦恼生起就如同波浪涌动，歹毒害人之心像凶猛的恶龙，虚假妄念如同鬼魅，在尘劳中奔波如同鱼鳖，心存贪欲嗔怒就是身陷地狱，愚昧无知就堕入了畜生道。

"善知识！时常奉行十善，天堂便在眼前；拔除人我之执，须弥障碍轰然倒塌；去除贪心，欲念之海顿然枯竭；烦恼不生如同波浪不兴；心中毒害之心消除如同恶龙鱼鳖尽绝。自性心地上觉悟如来佛性，放大光明，生大智慧，将外在的眼、耳、鼻、舌、身、意六门照耀清净，把欲界的六重天全部照破。自我本性向内映照，贪、嗔、痴三毒当即灭除，应该堕入地狱受苦的罪业也顷刻除尽，内外通明透彻，就与西方极乐世界没有差别。不这样修行，怎么能到达彼岸的西方极乐世界？"

大家听了惠能大师所说，立刻识见本性。向大师礼敬致拜，都感叹、称赞，高声唱诵道："但愿普天下听到此法的众生，立刻都能开悟。"

师言:"善知识! 若欲修行,在家亦得,不由在寺。在家能行,如东方人心善;在寺不修,如西方人心恶。但心清净,即是自性西方。"

韦公又问:"在家如何修行? 愿为教授!"

师言:"吾与大众说《无相颂》,但依此修,常与吾同处无别。若不依此修,剃发出家,于道何益?"颂曰:

　　心平何劳持戒①? 行直何用修禅?

　　恩则孝养父母,义则上下相怜。

　　让则尊卑和睦,忍则众恶无喧。

　　若能钻木出火,淤泥定生红莲。

　　苦口的是良药,逆耳必是忠言。

　　改过必生智慧,护短心内非贤。

　　日用常行饶益②,成道非由施钱。

　　菩提只向心觅,何劳向外求玄。

　　听说依此修行,西方只在目前。

师复曰:"善知识! 总须依偈修行,见取自性,直成佛道。时不相待,众人且散,吾归曹溪。众若有疑,却来相问。"

时,刺史、官僚、在会善男信女,各得开悟,信受奉行。

注释:

①持戒:"六度"之一,即护持戒法的意思,与"破戒"相对称。

②饶益：予人富裕、丰足法益的意思。

译文：

惠能大师说："善知识！如果想修行，在家中也是可以的，不一定必须到寺庙里。如果在家中也能坚持修行，恰如身处东方的人却能心存善行；即使身在寺中却不奉行修行，那就如同身在西方极乐却心存恶念。只要内心清净，就是在自性中得见西方极乐世界。"

韦刺史又问："在家又怎样修行呢？希望能给我们教化指授。"

大师说："我给大家说一个《无相颂》，只要依照这个颂修行，就是经常和我在一起。如果不依照这个颂修行，即使剃度出家为僧，其对于修道又有什么用处呢？"颂词说：

心平何劳持戒？行直何用修禅？

恩则孝养父母，义则上下相怜。

让则尊卑和睦，忍则众恶无喧。

若能钻木出火，淤泥定生红莲。

苦口的是良药，逆耳必是忠言。

改过必生智慧，护短心内非贤。

日用常行饶益，成道非由施钱。

菩提只向心觅，何劳向外求玄。

听说依此修行，西方只在目前。

大师又说："善知识！大家都必须依照偈颂修行，各自识见获取本性，直接成就佛道。佛法修行不可拖延。大家就这样先散了吧，我这就回曹溪山了。大家如果有疑问，就来问我好了。"

　　当时，韦刺史与官员们，大法会上的善男信女们，都有所开悟，对惠能大师的教法深信不疑，遵守奉行。

定慧品第四

本品讲述了惠能大师认为南宗禅法之法门，是以"定、慧"为本，并用灯与光之关系喻示定慧一体、体用一如，"定是慧体，慧是定用"，"即慧之时定在慧，即定之时慧在定"。主张修行之时不可定慧两分，偏执一端。接着指出本宗法门以"无念为宗、无相为体、无住为本"，外离一切相叫做无相，对所有外境均不沾染叫做无念，对于一切时间善恶好坏、不思酬爱、视为空幻的人之本性即是无住。力倡"于一切行住坐卧，常行一直心"，教人自识本心、自见本性。

师示众云："善知识！我此法门，以定慧为本。大众勿迷，言定慧别，定慧一体，不是二。定是慧体，慧是定用，即慧之时定在慧，即定之时慧在定。若识此义，即是定慧等学。诸学道人，莫言先定发慧、先慧发定各别。作此见者，法有二相。口说善语，心中不善，空有定慧，定慧不等。若心口俱善，内外一如，定慧即等。自悟修行，不在于诤；若诤先后，即同迷人。不断胜负，却增我法，不离四相[①]。

"善知识！定慧犹如何等？犹如灯光。有灯即光，无灯即暗，灯是光之体，光是灯之用。名虽有二，体本同一。此定慧法，亦复如是。"

师示众云："善知识！一行三昧者^②，于一切处行住坐卧，常行一直心是也。《净名经》云：直心是道场^③，直心是净土^④。莫心行谄曲^⑤，口但说直，口说一行三昧，不行直心。但行直心，于一切法勿有执著。迷人著法相^⑥，执一行三昧，直言常坐不动，妄不起心，即是一行三昧。作此解者，即同无情，却是障道因缘。

"善知识！道须通流，何以却滞？心不住法，道即通流。心若住法，名为自缚。若言常坐不动是，只如舍利弗宴坐林中^⑦，却被维摩诘诃^⑧。

"善知识！又有人教坐，看心观静，不动不起，从此置功。迷人不会，便执成颠，如此者众。如是相教，故知大错。"

注释：

①四相：我、人、众生、寿者。

②一行三昧：是一种实相念佛教法。修习这种禅定时，要以法界（即真如、实相）为观想对象，专心念佛，即可以见到佛，离开心没有别的佛。神秀北宗禅倡导这种禅定，强调静坐安心。惠能反对守心看净，并对"一行三昧"作了新的解释。三昧，又作"三摩地"、"三摩提"、"三摩帝"，意译为"等持"、"定"、"正定"、"正受"、"定意"、"调直定"、"正心行处"等，即将心定于一处或一境的一种安定状态。又一般俗语形容妙处、极致、蕴奥、诀窍等之时，皆以"三昧"称之，即套用佛教用语而转意，当

然已与原义迥然有别。

③道场：一般所谓的道场，系指修习佛法的场所，故"道场"可作为"寺院"的别名。又作"菩提道场"、"菩提场"，专指中印度菩提伽耶的菩提树下之金刚座上佛陀成道之处。这里指的是禅宗所谓的成就菩提动机的发心、修行等。

④净土：全称"清净土"、"清净国土"、"清净佛刹"。又作"净刹"、"净界"、"净国"、"净方"、"净域"、"净世界"、"净妙土"、"妙土"、"佛刹"、"佛国"，指以菩提修成的清净处所为佛所居之所。对此而言，众生居住之所，有烦恼污秽，故称"秽土"、"秽国"。

⑤谄曲：谄媚不正。

⑥法相：与"法性"同义。诸法所具本质之相状，或指其意义内容。又指真如、实相。

⑦舍利弗：佛陀十大弟子之一。舍利弗归佛后，常随从佛陀，辅翼圣化，为诸弟子中之上首；复以聪明胜众，被誉为佛弟子中"智慧第一"。宴坐：坐禅或静坐的意思。

⑧维摩诘：菩萨名。略称"维摩"，为佛陀的在家弟子，乃中印度毗耶离城之长者。虽在俗尘，然精通大乘佛教教义，其修为高远，虽出家弟子犹有不能及者。

译文：

惠能大师开示众人说："善知识！我所讲的法门，以定、慧为根本。大家不要迷误，认为定、慧二者有别，定和慧是一体的，不是二分的。禅定是智慧的本体，智慧是禅定的功用，就在智慧显现的时候，定存在于慧中，在入定的时候慧存在于定中。如果了解了这个道理，就是定、慧平等同体。各位学习佛道的人，不要说须先禅定再生发智慧，或先生发智慧才能禅定，认为二者有别。有这种观点的，就是认为佛法也有两种相状。嘴上说着善语，心中没有善意，徒有定慧的虚名，定慧却不是一体之学。如果心存善意，口出善言，心口相应，内外如一，定、慧即成一体。自我开悟依此修行，不在于争执名相，如果执著于争执定、慧孰先孰后，即与愚迷之人等同无异。不断绝胜负高下的心念计较，就会不断加重我执，无法超离对'我、人、众生、寿者'四相的执著。

　　"善知识！定、慧的关系好比什么呢？好比灯光。有灯就有光，没有灯即是黑暗，灯是光的本质，光是灯的功用。两者名称虽不同，本质却是同一的。定、慧关系之理，也是如此。"

　　大师开示众人说："善知识！一行三昧，就是无论何时何地，无论或行或住，或坐或卧，都直接依照本心修行。《净名经》说：直现本心就是佛的处所，直现本心就是西方极乐世界。不要心中进行谄媚邪曲，口中却说直心，口中宣称一行三昧，却不奉行直心。要奉行平直心念，对一切事物现象没有执著。愚迷的人执著于法相，执著于一行三昧，直接宣称只要经常静坐不动，妄念不从心中起，这就是一行三昧。作这样解释的人，就和无情草木一样，是障碍修道的。

　　"善知识！道必须是通达流动的，为什么却是滞塞的呢？心中不执著于法，道便通达。心中若执著于法，这叫做为法所缚。如果说应该常常静坐而不动，那么只会像舍利弗当年在树林中长久静坐，却被维摩诘呵斥一样。

"善知识！有人教人静坐，守着心，观看静，身体不动，长久不起，根据这个来建立功德。愚迷的人不能体会定慧的道理，一再执迷，乃成颠倒虚妄，像这样的人有很多。像这样的教导，是大错特错的。"

师示众云："善知识！本来正教，无有顿渐，人性自有利钝。迷人渐修，悟人顿契，自识本心，自见本性，即无差别。所以立顿渐之假名。

"善知识！我此法门，从上以来，先立无念为宗，无相为体，无住为本。无相者，于相而离相；无念者，于念而无念；无住者，人之本性。于世间善恶好丑，乃至冤之与亲，言语触刺欺争之时，并将为空，不思酬害①，念念之中，不思前境。若前念今念后念，念念相续不断，名为系缚②。于诸法上，念念不住，即无缚也。此是以无住为本。

"善知识！外离一切相，名为无相。能离于相，即法体清净。此是以无相为体。

"善知识！于诸境上，心不染，曰无念。于自念上，常离诸境，不于境上生心；若只百物不思，念尽除却，一念绝即死，别处受生，是为大错，学道者思之！若不识法意，自错犹可，更误他人；自迷不见，又谤佛经。所以立无念为宗。

"善知识！云何立无念为宗？只缘口说见性迷人，于境上有念，念上便起邪见。一切尘劳妄想，从此而生。自性本无一法可得，若有所得，妄说祸福，即是尘劳邪见。故此法门立无念为宗。善知识！无者，无何事？念者，念何物？无者，无二相，无诸尘劳之心。念者，念真如本性，真如即是念之体，念即是真如之用。真如自性起念，非眼耳鼻舌能念。真如有性，所以起念。真如若无，眼耳色声当时即坏。

"善知识！真如自性起念，六根虽有见闻觉知，不染万境，而真性常自在。故经云：能善分别诸法相，于第一义而不动③。"

注释：

①酬害：报复。酬，报答。

②系缚：又作"结缚"，拘束之意。指众生之身心为烦恼、妄想或外界事物所束缚而失去自由，长时间流转于生死之中。是"烦恼"的别名，因烦恼如绳子能系缚身心，使人不得自在。

③第一义：至高无上的真理。以名究竟之真理，是为最上，故云"第一"。

译文：

惠能大师说："善知识！原本真正的教法，没有顿渐之分，人性本来有聪明和愚钝罢了。愚钝的人渐次修行，聪明的人顿时契悟，自我识见本心，自我识见本性，就没有顿悟渐悟的差别了。所以顿悟渐悟只是权且设立的假名而已。

"善知识！我所宣讲的法门，从佛祖以来，一直是首先立无念为宗旨，以无相为本体，以无住为本根。所谓无相，基于一切相状而超离一切相状；所谓无念，生起心念而不执著于心念；所谓无住，乃是人的本性。对于世间一切善恶好丑，甚至冤家对头，亲朋好友，在言语上发生攻击、刺伤、欺谎、论争的时候，一并将这些看成空幻，不去思索报复伤害，时时刻刻，不追思拘泥于以前，这就是以无住为本。如果对于过去、现在、将来的心念，念念相续，思量不断，这叫作自我系缚。相反，对于一切法相，念念之间毫不执著，就是没有系缚，这就是以无住为本。

"善知识！超离一切外在形相，叫作无相。能超离于形相，就是自性法体清净。这就是以无相为本体。

"善知识！在世间万事万物中不被浸染，叫作无念。在自我心念上，时常超离一切事物现象，不在所遇到的事物现象上生执著心；假如只是什么都不思维，心念除去灭尽，一念断绝就是死，以为还可以到别的地方再去受生，这是极大的错误，参学佛道的人应该仔细思维！如果不能识见佛法大义，自己错误迷妄也就罢了，偏偏还要再去劝行他人；自己迷误不能识见本性，又毁谤了佛教经典。因此要立无念为宗旨。

"善知识！为什么说要立无念为宗旨呢？只因为口头上声称识见本性的愚迷之人，在事物上生执著心念，产生邪见。一切尘世错误妄想，从此而生。自我本性本来并不是可以通过某种具体方法能够获得的，如果有所得，就胡乱声称是祸福果报，这是世俗邪见。所以这个法门立无念为宗旨。善知识！无，无的是什么？念，念的又是什么？无是没有差别对立的二分之相，没有执迷尘世之心。念是心念与佛性相一的自我本性，真正的如来佛性是心念的本体，心念是真如佛性的效用。真如佛性由自我本性中升起心念，并非是眼睛、耳朵、鼻子、舌头等感觉器官能起心念。真如佛性是自我本具的自我之性，从中能够生起心念。如果真如佛性不是自我本具，那么眼睛、耳朵等六种感觉器官就应该是坏死的。

　　"善知识！自我真如本性生起心念，六种感觉器官虽然能看见、听到、觉察、了解，但不被外在一切事物现象所浸染，真如本性就是永恒自在的。所以佛经上说：真如佛性能够正确地了知各种事物和现象，在根本上是没有生灭，不会动摇的。"

坐禅品第五

本品记载惠能大师对何为"坐禅"所作的解释:"外于一切善恶境界,心念不起,名为坐;内见自性不动,名为禅"。阐述了南宗禅对"禅定"的定义:"外离相为禅,内不乱即定","外禅内定,是为禅定"。认为坐禅并不是守心看净,一味枯坐,而是要对外不执著,对内止散乱,禅定与般若智慧是内外一体的。最后还强调了要明心见性,自修自行,自成佛道的道理。

师示众云:"此门坐禅①,元不著心②,亦不著净,亦不是不动。若言著心,心元是妄,知心如幻,故无所著也。若言著净,人性本净;由妄念故,盖覆真如,但无妄想,性自清净。起心著净,却生净妄,妄无处所,著者是妄。净无形相,却立净相,言是工夫,作此见者,障自本性,却被净缚③。

"善知识!若修不动者,但见一切人时,不见人之是非善恶过患,即是自性不动④。

"善知识!迷人身虽不动,开口便说他人是非长短好恶,与道违背。若著心著净,即障道也。"

师示众云:"善知识!何名坐禅?此法门中,无障无碍,外于一切善恶境界,心念不起,名为坐;内见自性不动,名为禅。善知识!何名禅定?外离相为禅⑤,内不乱为定。外若著相,内心即乱。外若离相,心即不乱。本性自净自定,只为见境思境即乱。若见诸境心不乱者,是真定也。

"善知识!外离相即禅,内不乱即定。外禅内定,是为禅定。《菩萨戒经》云:我本元自性清净。善知识!于念念中,自见本性清净,自修、自行,自成佛道。"

注释:

①坐禅:结跏趺坐,不起思虑分别,系心于某一对象,称为"坐禅"。

②元:通"原"。

③净缚:指被所要观想的"净相"所束缚。

④自性不动:指自体之本性。诸法各自有不变不改之性,是名"自性"。这里指不从主观上分辨和计较是非曲直。

⑤外离相:指自心对外在事物和现象都不执著。

译文:

惠能大师开示众人说:"我这个法门所讲的坐禅,原本不是执著于固守本心,也不是执著于一味看净,更不是枯坐不动。如果说执著心念,心念原本也是虚妄,了解了心念的虚妄,所以也就没有什么可执迷固守的。如果说执著于追求本性清净,那么人的本性原本就是清净的;由于虚妄心念的缘故,掩盖遮蔽了自我真如本性,一旦没有了虚妄邪见,本性就又自我清净了。

生起执心追求所谓的清净，却又生起对清净本身执著的妄念，这种妄念本来是无处着落和无所适从的，一旦清净产生执著之心时，它便有了生起的处所。清净本来是没有形相的，却给清净设定一个形相，硬说符合这一形相的才是修行的功夫，持这样见解的人，障碍迷惑了自我的本性，其实是被所谓的清净执迷束缚了。

"善知识！如果修'不动'行，心不生起，那么看任何人的时候，都对他的是非善恶能视而不见，心念不随之扰动，这就是自我本性真正寂然不动。

"善知识！愚迷的人身体虽然在那里纹丝不动，但一开口就是议论别人的是非长短和好坏，这与修道是正好相违背的。这与执著于守心看净一样，也是障碍修道的。"

惠能大师开示众人说："善知识！什么叫坐禅？我这个法门中，没有阻碍，遍达自在，对于一切外在的善恶境界，不起心动念，这叫作坐；能识见内在自我本性寂然不动，这叫作禅。善知识！什么叫禅定？超离外境外相就是禅，内心不散乱叫作定。如果执著于外境外相，内心必定散乱。如果超离外境外相，内心就不散乱。人的本性原是本自清净，本自安定的，只是因为遇见外境因而思虑执著于外境，所以内心就散乱了。如果能见到一切外境而内心不散乱的，这才是真正的定。

"善知识！超离外境外相就是禅，内心不散乱就是定。外禅内定就是禅定。《菩萨戒经》说：自我本性原本清净。善知识！时时刻刻识见自我本性清净，自我修持，自我心行，自然成就佛道。"

忏悔品第六

本品记述惠能为来山听法的四方士庶讲授"自性五分法身香"、"无相忏悔"、"自心四弘誓愿"、"无相三归依戒"以及"一体三身自性佛"等法。自性五分法身香分为戒香、定香、慧香、解脱香、解脱知见香，倡导修行之人自心戒定慧，自心解除攀缘系缚，求得解脱。接着传授无相忏悔，界定了"忏悔"的定义，忏即说出前罪，悔即断除后过。讲说了"自心众生无边誓愿度，自心烦恼无边誓愿断，自性法门无尽誓愿学，自性无上佛道誓愿成"的自心四弘誓愿。授"无相三归依戒"，变以往的归依佛、法、僧三宝而为归依觉、归依正、归依净，力倡归依自性，而非外力，所谓"自性不归，无归依处"。最后为大众讲说何为"清净法身佛"、何为"圆满报身佛"、何为"千百亿化身佛"的一体三身自性佛法门，三身佛都在自性，不在身外，从自性生，不从外得，佛性本具，即心即佛。

时，大师见广韶洎四方士庶[1]，骈集山中听法[2]，于是升座告众曰："来，诸善知识！此事须从自性中起[3]。于一切时，念念自净其心，自修自行，见自己法身，见自心佛，自度自戒，始得不假到此。既从远来，一会于此，皆共有缘。今可各各胡跪[4]，先为传自性五分法身香[5]，次授无相忏悔[6]。"

众胡跪。师曰:"一戒香,即自心中,无非、无恶、无嫉妒、无贪嗔、无劫害,名戒香。二定香,即睹诸善恶境相,自心不乱,名定香。三慧香,自心无碍,常以智慧观照自性,不造诸恶。虽修众善,心不执著,敬上念下,矜恤孤贫,名慧香。四解脱香,即自心无所攀缘⑦,不思善,不思恶,自在无碍,名解脱香。五解脱知见香,自心既无所攀缘善恶,不可沉空守寂,即须广学多闻,识自本心,达诸佛理,和光接物,无我无人,直至菩提,真性不易,名解脱知见香。

"善知识!此香各自内熏⑧,莫向外觅。

"今与汝等授无相忏悔,灭三世罪⑨,令得三业清净⑩。

注释:

①广韶:广州和韶州。

②骈集:汇聚,集聚。

③此事:这里指明心见性的顿悟解脱。

④胡跪:又作"胡跽"。古时印度、西域地方总称为"胡",胡跪乃指一般胡人跪拜的敬仪。

⑤五分法身香:指戒香、定香、慧香、解脱香、解脱知见香。这五分香,皆从自性上说,皆从功德上修,也就是从自证自性法身来成如如佛。香,是以智慧火烧那抽象无价真香。

⑥无相忏悔:忏,乃"忍"的意思,即请求他人忍罪。悔,追

悔,悔过,即追悔过去之罪。禅宗主张不注重忏悔的形式和仪式,强调个人的心性明净,称之为"无相忏悔"。

⑦攀缘:攀取缘虑、心随外境而转的意思,指心执著于某一对象的作用。如老人攀杖而起,谓之"攀缘"。又如猿攀木枝,忽而在彼,忽而在此,谓之"攀缘"。

⑧内熏:"外熏"的对称。众生心中,皆有本觉之真如,此本觉之真如熏习无明,使妄心厌恶生死的痛苦,而祈求涅槃之快乐,此情形谓之"内熏"。至于佛菩萨的一切教法,以及行者自身的修行,都叫做"外熏"。

⑨三世:乃过去世、现在世与未来世的总称。现在世与未来世合称为"现当二世"。

⑩三业:身口意三处之所作的身业、口业、意业。身业即身之所作,如杀生、偷盗、邪淫、酗酒等事;口业即口之所语,如恶口、两舌、绮语、妄语等言语;意业即意之所思,如贪、嗔、痴等动念。

译文:

当时,惠能大师看到广州和韶州及来自各地的士庶百姓,都汇集在曹溪山听讲佛法,于是便开坛讲法,向众人说道:"来,各位善知识! 修行佛道这等大事必须从自我本性上着手。在任何时候,时刻自我清净本心,自我修持,自我心行,识见自己的智慧法身,识见自心的佛性,自我度脱,自我持戒,到此才不算虚度。既然从大老远赶来,一齐会聚在这里,都是有缘的。现在大家各自可以胡跪,我先给你们传授自性五分法身香,再传授无相忏悔。"

大家都胡跪着。惠能大师说："第一是戒香，就是自我本心中没有是非，没有善恶，没有嫉妒心，没有贪欲嗔怒，没有劫心毒害，这叫做戒香。第二是定香，就是看到一切善恶的外境外相，自心不散乱，这叫做定香。第三是慧香，自心通达没有障碍，时常用智慧观照自性，不造作一切恶业。虽然修行一切善业，自心却不生执著，敬重长辈，体念晚辈，怜悯抚恤孤苦贫困，这叫做慧香。第四是解脱香，就是自心没有对外物生追求攀依之心，不思量善，不思量恶，自由自在，无所挂碍，这叫做解脱香。第五是解脱知见香，自心既没有对善恶生攀缘之心，也不能陷入虚空，固守枯寂，就是说需要广泛学习，多多听取教诲，识见自我本心，通达一切佛教真理，待人接物和光同尘，没有人我之执，直接达到无上觉悟，真我本性没有改变，这叫做解脱知见香。

"善知识！这种五分法身香大家各自在自我内心中点燃熏习，千万不要向外寻求。

"现在我给你们传授无相忏悔，以除灭过去、现在、未来三世的罪业，使大家获得身业、口业、意业三业的清净。

"善知识！各随我语，一时道：弟子等，从前念、今念及后念，念念不被愚迷染。从前所有恶业、愚迷等罪，悉皆忏悔，愿一时销灭，永不复起。

"弟子等，从前念、今念及后念，念念不被骄诳染。从前所有恶业、骄诳等罪，悉皆忏悔，愿一时销灭，永不复起。

"弟子等，从前念、今念及后念，念念不被嫉妒染，从前所有恶业、嫉妒等罪，悉皆忏悔，愿一时销灭，永不复起。善知识！已上是为无相忏悔。

"云何名忏？云何名悔？忏者，忏其前愆。从前所有恶业：愚迷骄诳嫉妒等罪，悉皆尽忏，永不复起，是名为忏。悔者，悔其后过。从今以后，所有恶业，愚迷骄诳嫉妒等罪，今已觉悟，悉皆永断，更不复作，是名为悔，故称忏悔。凡夫愚迷，只知忏其前愆，不知悔其后过。以不悔故，前愆不灭，后过又生；前愆既不灭，后过复又生，何名忏悔？

"善知识！既忏悔已，与善知识发四弘誓愿①，各须用心正听：自心众生无边誓愿度，自心烦恼无边誓愿断，自性法门无尽誓愿学，自性无上佛道誓愿成。

"善知识！大家岂不道众生无边誓愿度，恁么道②，且不是惠能度。

"善知识！心中众生，所谓邪迷心、诳妄心、不善心、嫉妒心、恶毒心，如是等心，尽是众生，各须自性自度，是名真度。

"何名自性自度？即自心中邪见烦恼愚痴众生，将正见度③。既有正见，使般若智打破愚痴迷妄众生，各各自度。邪来正度，迷来悟度，愚来智度，恶来善度。如是度者，名为真度！

注释：

①四弘誓愿：一切菩萨初发心时，必发此四种广大之愿，故又称"总愿"。又作"四弘愿"、"四弘行愿"、"四弘愿行"、"四弘誓"、"四弘"。有关"四弘愿"的内容与解释，散见于诸经论，然而各经所举颇有出入。中国佛教一般采用《六祖坛经》之说，即：一、众生无边誓愿度，谓菩萨誓愿救度一切众生。二、烦恼无边誓愿断，谓菩萨誓愿断除一切烦恼。三、法门无尽誓愿学，谓菩萨誓愿学知一切佛法。四、无上佛道誓愿成，谓菩萨誓愿证得最高菩提。此"四弘誓愿"可配于苦、集、灭、道四谛。

②恁么道：这样说。

③正见：系"八正道"之一，"十善"之一。为"邪见"之对称，即远离或有或无的邪见，而采取持平正中的见解。

译文：

"善知识！大家都各自跟随我念诵，立即说：弟子们以前、现在、将来的每一个念头，都不被愚昧迷惑所沾染，以前所有造作的恶业、愚昧、迷惑等等罪过，全部都忏悔，希望立即销毁灭断，永远不再重新生起。

"弟子们，以前、现在、将来的每一个念头，都不被骄狂傲妄沾染，以前所造作的恶业、骄狂傲妄等罪过，全部都忏悔，希望立刻销毁灭断，永远不再重新生起。

"弟子们，以前、现在、将来的每一个念头，都不被嫉妒沾染。以前所造作恶业、嫉妒等罪过，全部都忏悔，希望立刻销毁灭断，永远不再重新生起。善知识！以上就是无相忏悔。

"什么叫做忏？什么叫做悔？所谓忏，就是坦白承认自己以前所造下的罪业。以前所有的恶业：愚昧迷惑、骄狂傲妄、嫉妒等等罪过，全部都坦白承认，永远都不再重犯，这叫做忏。所谓悔，反思改悔以断除今后会造的罪业。从今以后，所有恶业、愚昧迷惑、骄狂傲妄、嫉妒等等罪过，现在都已觉知开悟，全部都将永远断绝，更不会再次造作，这就叫做悔，所以称为忏悔。凡夫俗子愚昧迷惑，只知道忏说坦白他以前所造罪业，而不知道反思改悔以绝除他今后会造罪业。由于不懂得悔改的缘故，前面的罪业还未灭尽，后面的罪过又新生起；前面的罪业既然不能灭尽，后面的罪过已然重又生起，这叫什么忏悔呢？

"善知识！既然忏悔已经传授完毕，现在再和你们发四弘愿，大家各自需要正心诚意，用心听取：自心众生无边誓愿度，自心烦恼无边誓愿断，自性法门无尽誓愿学，自性无上佛道誓愿成。

"善知识！大家不是都说'众生无边誓愿度'吗？这样说，并不是我惠能来度。

"善知识！心中的众生，就是我们所说的邪迷之心、诳妄之心、不善之心、嫉妒之心、恶毒之心等等，像这样的心，都是众生，大家必须各自运用本性自我度脱，这就叫真度。

"什么叫自性自度？就是自我本心中邪迷妄见、烦恼愚痴等众生，都用正确的知见将它们度脱。有了正见，让般若智慧打破愚痴迷妄众生，各各自性自度。以正见度脱邪见生起，以觉悟度脱迷妄疑惑，以智慧度脱愚迷障碍，以善良心念度脱邪恶心念。这样的度，叫做真度！

"又烦恼无边誓愿断。将自性般若智除却虚妄思想心是也。又法门无尽誓愿学,须自见性,常行正法,是名真学。又无上佛道誓愿成,既常能下心,行于真正,离迷离觉,常生般若,除真除妄,即见佛性;即言下佛道成。常念修行是愿力法①。

"善知识!今发四弘愿了,更与善知识授无相三皈依戒②。善知识!皈依觉,两足尊③;皈依正,离欲尊;皈依净,众中尊!从今日去,称觉为师,更不皈依邪魔外道,以自性三宝常自证明。劝善知识,皈依自性三宝。佛者,觉也;法者,正也;僧者,净也。自心皈依觉,邪迷不生,少欲知足,能离财色,名两足尊。自心皈依正,念念无邪见,以无邪见故,即无人我贡高④,贪爱执著,名离欲尊。自心皈依净,一切尘劳爱欲境界,自性皆不染著,名众中尊。

"若修此行,是自皈依。凡夫不会,从日至夜,受三归戒;若言皈依佛,佛在何处?若不见佛,凭何所归?言却成妄。

"善知识!各自观察,莫错用心,经文分明言自皈依佛,不言皈依他佛。自佛不归,无所依处。

"今既自悟,各须皈依自心三宝⑤。内调心性,外敬他人,是自皈依也。

"善知识!既皈依自三宝竟,各各志心。吾与说一体三身自性佛⑥,令汝等见三身,了然自悟自性。总随我道：于自色身，皈依清净法身佛[7]；于自色身，皈依圆满报身佛[8]；于自色身，皈依千百亿化身佛[9]。善知识！色身是舍宅，不可言归。向者三身佛，在自性中，世人总有。为自心迷，不见内性，外觅三身如来，不见自身中有三身佛。汝等听说，令汝等于自身中，见自性有三身佛。此三身佛，从自性生，不从外得。

注释：

①愿力：又作"本愿力"、"大愿业力"、"宿愿力"、"誓愿之力"、"本愿之力"，指菩萨在"因位"所发本愿之力用至果位而显其功。

②无相三皈依戒：指自心的皈依，并不皈依和信奉外在的崇拜对象。三皈依，又作"三归"、"三自归"、"三归戒"、"趣三皈依"，即归投、依靠"三宝"，并请求救护，以解脱一切苦厄，即指皈依佛、皈依法、皈依僧。"皈依"一词，含有救护、趣向的意思。

③两足尊：又作"无上两足尊"、"二足尊"，是佛的尊号。因佛具足"三十二相"、"八十种好"，成就尽智、无生智等无漏之无学法，及"十力"、"四无畏"等诸不共法，故此尊号有二义，即于天、人之中，所有两足生类中之最尊贵者。又以两足言喻"戒、定、慧"等功德，佛即具足此两足，而游行法界，无所障碍。

④贡高：傲慢自大，自认为高人一等。

⑤三宝：又作"三尊"，系指为佛教徒所尊敬供养之佛宝、法宝、僧宝等"三宝"。一切之佛，即佛宝；佛所说之法，即法宝；奉行佛所说之法的人，即僧宝。佛者觉知之义，法者法轨之义，

僧者和合之义。

⑥一体三身自性佛：指皈依自己色身内，自性具足之法身、报身、化身等三身佛。

⑦法身佛：法性之体名法身，法性有觉知之德，故名"佛"。

⑧报身：指佛的果报身，"三身"之一。亦即菩萨初发心修习，至十地之行满足，酬报此等愿行之果身，称为"报身"。如阿弥陀佛、药师如来、卢舍那佛等，皆为报身佛。

⑨化身："三身"之一，与报身、法身合称"三身"，又名"应化身"、"变化身"，为众生变化种种形的佛身。

译文：

"另外，烦恼无边誓愿断，就是运用自性般若智慧除去虚妄思想之心。法门无尽誓愿学，必须自我识见本性，时常心行正确的教法，这叫做真正的佛法修行。无上佛道誓愿成，就是要经常深入到心中，在心中按真正的佛法修心，不执著于愚迷也不执著于觉悟，常常生起般若智慧，不落于真实也不落于虚妄，就可识见佛性；就是立刻成就佛道。常常心念修行四弘愿，这就是发挥愿力的方法。

"善知识！现在我们发过四大弘愿了，再给大家讲授无相三皈依戒。善知识！皈依正确的觉悟，就会有福报和智慧二者都圆满具足的尊严；皈依了正确的知见，就会有超离恶欲的尊严；皈依了清净，就会有在众生中受到敬重的尊严！从今日开始，以觉悟为师父，而不要归附邪魔外道，以自我本性中的佛、法、僧三宝时常印证明悟自我。奉劝诸位善知识，皈依自我本性中的三宝。佛就是觉悟；法就是正见；僧就是清净。自我本心皈依正确觉悟，邪见迷障不再生起，减少欲望，能知满足，能超离财富和美色，这叫做两足尊。自我本心皈依正见，时时刻刻没有邪恶愚见，由于没有邪见的原故，就没有人我之执，妄自尊大和贪爱执著，这叫做离欲尊。自我本心皈依清净，一切尘世烦恼，爱憎欲望境界，自我本性都不沾染执著，这叫做众中尊。

　　“如果以此修行，就是自我皈依奉持。凡夫俗子不懂这个道理，从白天到黑夜，受所谓的三归戒；如果说皈依佛，那么佛在哪里？如果说见不到佛，那又依据什么皈依？这样说法成了妄语。

　　“善知识！各各自己观察，不要错用了心，佛经上明明白白地讲到‘自皈依佛’，没有讲到‘皈依他佛’。自我本心的佛不去皈依，就没有可以皈依的地方了。

　　“今天既然自我开悟，各自须要皈依自我本心中的三宝。对内调适心性，对外尊重他人，这就是自我皈依了。

　　“善知识！既然皈依自我三宝完毕，各自专心。我给你们说一体三身自性佛，让你们能识见自性三身，全然明了自我开悟自我本性。请全部跟随我念诵：于自色身，皈依清净法身佛；于自色身，皈依圆满报身佛；于自色身，皈依千百亿化身佛。善知识！肉体色身只是住宅房屋，不能说是最终皈依处所；从来法身、报身、化身这三身佛都是在自我本性中的，世上的人均都本自具有。只是因为自我本心迷误，不能识见内在本性，向外寻求三身佛，而不能识见自我身中有三身佛。你们听我讲说，会让你们在自身中识见自我本性中自有的三身佛。这个三身佛从自我本性中生发，而不是从外面寻得的。

"何名清净法身佛？世人性本清净，万法从自性生。思量一切恶事，即生恶行；思量一切善事，即生善行。如是诸法在自性中，如天常清，日月常明，为浮云盖覆，上明下暗。忽遇风吹云散，上下俱明，万象皆现。世人性常浮游，如彼天云。

"善知识！智如日，慧如月，智慧常明。于外著境，被妄念浮云盖覆自性，不得明朗。若遇善知识，闻真正法，自除迷妄，内外明彻，于自性中万法皆现。见性之人，亦复如是；此名清净法身佛。

"善知识！自心皈依自性，是皈依真佛。自皈依者，除却自性中不善心、嫉妒心、谄曲心、吾我心、诳妄心、轻人心、慢他心、邪见心、贡高心，及一切时中不善之行；常自见己过，不说他人好恶，是自皈依。常须下心，普行恭敬，即是见性通达，更无滞碍，是自皈依。

"何名圆满报身？譬如一灯能除千年暗，一智能灭万年愚。莫思向前，已过不可得，常思于后，念念圆明，自见本性，善恶虽殊，本性无二。无二之性，名为实性，于实性中，不染善恶，此名圆满报身佛。

"自性起一念恶，灭万劫善因[1]。自性起一念善，得恒沙恶尽[2]。直至无上菩提，念念自见，不失本念，名为报身。

　　"何名千百亿化身？若不思万法，性本如空。一念思量，名为变化。思量恶事，化为地狱，思量善事，化为天堂；毒害化为龙蛇，慈悲化为菩萨；智慧化为上界③，愚痴化为下方④。自性变化甚多，迷人不能省觉。念念起恶，常行恶道；回一念善，智慧即生。此名自性化身佛。

　　"善知识！法身本具，念念自性自见，即是报身佛；从报身思量，即是化身佛；自悟自修自性功德，是真皈依。皮肉是色身，色身是舍宅，不言皈依也。但悟自性三身，即识自性佛。

　　"吾有一无相颂，若能诵持，言下令汝积劫迷罪，一时销灭。"颂曰：

<blockquote>
迷人修福不修道，只言修福便是道。
布施供养福无边，心中三恶元来造⑤。
拟将修福欲灭罪，后世得福罪还在。
但向心中除罪缘，名自性中真忏悔。
忽悟大乘真忏悔，除邪行正即无罪。
学道常于自性观，即与诸佛同一类。
吾祖惟传此顿法，普愿见性同一体。
若欲当来觅法身，离诸法相心中洗。
努力自见莫悠悠，后念忽绝一世休。
若悟大乘得见性，虔恭合掌至心求。
</blockquote>

师言:"善知识! 总须诵取,依此修行。言下见性,虽去吾千里,如常在吾边。于此言下不悟,即对面千里,何勤远来? 珍重好去! "一众闻法,靡不开悟,欢喜奉行。

注释:

①善因: 即招感善果的业因。

②恒沙: 即恒河之沙。恒河是印度大河,两岸多细沙,恒河沙粒至细,其量无法计算。诸经中凡形容无法计算之数,多以"恒河沙"一词为喻。

③上界: 与"下界"对称,又称"天上界","六道"之一,即包括无色界、色界、欲界等诸天。位于诸天中,上方之位者称"上界"。如色界天为欲界天的上界。

④下方: 指三涂,即地狱、饿鬼、畜生之"三恶道"。

⑤三恶: 指人之贪、嗔、痴三种恶心。人有此三恶,难以教化。也指地狱、饿鬼、畜生等"三恶道"之略称。

译文:

"什么是清净法身佛呢? 世上的人们自性本来清净,一切万法都从自我本性中生起。思虑一切邪恶之事,就生出邪恶行为; 心中思虑一切善好之事,就会生起善好的行为。像这样的一切法都存在于自我本性中,如同天空永远清湛,日月永远光明,而被浮云覆盖后,上面虽明亮,下面世间却顿入黑暗。忽然遇到风起吹动,浮云驱散,则上下全部通明透彻,一切景象全部显现。世上人们的自我本性常呈浮动飘游的状态，就好像在天空中时常盖覆的浮云。

"善知识！智就像太阳，慧就像月亮，智慧就像日月永放光明。执著于外境，就被妄念一般的浮云遮盖罩覆了自我本性，不能得到通明朗照。如果遇到善知识，听闻了真正的佛法，自我除却愚迷痴妄，内外通明透彻，在自我本性中世间万法全部显现。能识见本性的人，就是这样；这叫做清净法身佛。

"善知识！自我本心归于自我本性，就是皈依了真正的佛。自我皈依的人，除去自我本性中的不善之心、嫉妒之心、谄曲之心、吾我心、诳妄心、轻人心、慢他心、邪见心、贡高心，以及时时刻刻的不善的行为；常常自我识见自己的罪过，不议论他人的好坏善恶，就是自我皈依。常常立下决心，一切都奉行恭敬，就是识见本性，通达无碍，更无滞塞，就是自我皈依。

"什么叫做圆满报身？比如一盏灯除却千年的黑暗，一个智慧灭尽了万年的愚迷。不要总是思虑以前，过往的过错已不能得以重新更正，应该时常思虑今后，时时刻刻保持圆融明彻，自我识见本性，善与恶虽然不同，但它们本性没有差别。没有差别的本性，叫做实性，在实性中，不沾染执著善恶分别，这叫做圆满报身佛。

"自我本性中生起一恶念，就能断灭万劫所修善因。自我本性中生起一善念，就能使得恒河沙一样多的恶业消失灭尽。直接成就无上菩提，时时刻刻自见本心，不失见性本念，叫做报身。

"什么叫做千百亿化身？如果不去思虑一切事物现象，本性原来就如同虚空。思虑一个念头,这就是变化。思虑恶的事,自我本性变成地狱,思虑善的事,自我本性变为天堂;起毒害心时变成龙蛇,生慈悲心时变成菩萨;生智慧时达到上界诸天的境界,犯痴愚时沦为下方恶道的境地。自我本性变化是非常多的,愚迷之人不能够内省觉悟。时时生起恶念,常常践行恶道;当一个善念回转,智慧则又立刻生起。这叫做自性化身佛。

"善知识!法身佛本来具足在自我本性中,时时自己识见自我本性,就是报身佛;从报身佛去思量变化,就是化身佛;自我觉悟、自我修行自我本性功德,这是真正的皈依。人的皮肉是色身,色身如同房屋宅舍,不能说是皈依色身这个处所。只要能悟到自我本性中存在三身佛,就是识见了自我本性的佛。

"我有一个无相颂,如果能念诵奉持,立刻能让你累世所积累的恶劫迷罪,一刹那之间消失灭尽。"颂是:

迷人修福不修道,只言修福便是道。
布施供养福无边,心中三恶元来造。
拟将修福欲灭罪,后世得福罪还在。
但向心中除罪缘,名自性中真忏悔。
忽悟大乘真忏悔,除邪行正即无罪。
学道常于自性观,即与诸佛同一类。
吾祖惟传此顿法,普愿见性同一体。
若欲当来觅法身,离诸法相心中洗。
努力自见莫悠悠,后念忽绝一世休。
若悟大乘得见性,虔恭合掌至心求。

惠能大师说:"善知识! 全部都要念诵记取, 依照这个颂去修行。当下识见本性, 你们即使离我有千里之遥, 也好像时时都未离开我身边。如果当下不能开悟, 即使我们面对面, 也好似远隔千里, 更何苦辛勤远道而来呢? 好好自我珍重都回去吧! "大家听闻了佛法, 没有不开悟的, 内心欢喜, 信奉修行。

机缘品第七

本品记叙了六祖惠能大师听到比丘尼无尽藏诵《大涅槃经》后为之解说，并提出"诸佛妙理，非关文字"，表明了南宗禅"不立文字"的思想。接着记叙了惠能得法后，各方学者前往请益的事由，通过惠能大师对僧法海、僧法达、僧智通、僧智常、僧志道以及行思禅师、怀让禅师、永嘉玄觉禅师、智隍禅者和僧方辩等一系列弟子的机缘对话、教化开示，侧面阐扬了南宗禅的诸多思想旨趣：如"成一切相即心，离一切相即佛"，"于相离相，于空离空"，"说似一物即不中"等。

师自黄梅得法，回至韶州曹侯村，人无知者。有儒士刘志略，礼遇甚厚。志略有姑为尼，名无尽藏，常诵《大涅槃经》。师暂听，即知妙义，遂为解说。尼乃执卷问字。

师曰："字即不识，义即请问。"

尼曰："字尚不识，焉能会义？"

师曰："诸佛妙理，非关文字。"

尼惊异之。遍告里中耆德云[①]："此是有道之士，宜请供养。"

有魏武侯玄孙曹叔良及居民，竞来瞻礼。时，宝林古寺自隋末兵火，已废。遂于故基重建梵宇[②]，延师居之，俄成宝坊③。

师住九月余日，又为恶党寻逐，师乃遁于前山，被其纵火焚草木，师隐身挨入石中得免。石今有师趺坐膝痕，及衣布之纹，因名"避难石"。师忆五祖怀会止藏之嘱，遂行隐于二邑焉。

注释：

①耆德：年高德重者。

②梵宇：佛寺的别称，即佛寺。

③宝坊：寺院的美称。

译文：

惠能大师从黄梅五祖弘忍大师那里得受衣法之后，来到韶州曹侯村，没有人知道他的事。当时有个儒士叫刘志略，礼敬待遇惠能大师非常殷勤。刘志略有个姑姑出家做比丘尼，法名无尽藏，经常念诵《大涅槃经》。惠能大师稍微一听就知道经中所说的玄妙义理，就给无尽藏解说经义。无尽藏于是手拿经卷请教惠能经中的文字。

惠能说："说到字我是不认识的，如果有义理方面的疑问尽可以问。"

尼姑无尽藏说："字尚且不认识，怎么能体会经文要义呢？"

惠能大师说："一切佛法的微言大义，都是与文字无关的。"

尼姑无尽藏听后十分惊讶。告诉了乡里全部的年高德重的长者，说："这是个有道行的人，应该请来好好供养。"

有魏武侯的玄孙曹叔良和附近的居民，争相涌来瞻仰礼敬惠能大师。当时，有一个古老的宝林寺，自从隋朝末年遭遇兵火战乱，已经毁废很久了。于是便在旧地址上重新建盖寺庙，请惠能大师居寺住持，顷刻之间，那里便成了佛法圣地。

惠能大师住了九个多月，又被恶党们寻找追踪，惠能大师于是就隐藏在前山，又遭遇恶党们放火烧山加害，大师将身体隐藏在石头中间才幸免于难。今天石头上还有惠能大师结跏趺坐时膝盖的印痕和衣服上的布纹，因此给石头命名为"避难石"。大师想起五祖"逢怀则止，遇会则藏"的叮嘱，便到怀集、四会两个县的境内隐藏了起来。

　僧法海，韶州曲江人也。初参祖师。

　问曰："即心即佛，愿垂指谕。"

　师曰："前念不生即心①，后念不灭即佛；成一切相即心②，离一切相即佛③。吾若具说，穷劫不尽。听吾偈。"曰：

　　　即心名慧，即佛乃定；

　　　定慧等持，意中清净。

　　　悟此法门，由汝习性④；

　　　用本无生，双修是正。

　法海言下大悟，以偈赞曰：

　　　即心元是佛，不悟而自屈；

　　　我知定慧因，双修离诸物。

僧法达，洪州人，七岁出家，常诵《法华经》。来礼祖师，头不至地。

师诃曰："礼不投地，何如不礼？汝心中必有一物，蕴习何事耶？"

曰："念《法华经》已及三千部⑤。"

师曰："汝若念至万部，得其经意，不以为胜，则与吾偕行。汝今负此事业，都不知过。听吾偈。"曰：

　　礼本折慢幢⑥，头奚不至地；

　　有我罪即生，亡功福无比。

师又曰："汝名什么？"

曰："法达。"

师曰："汝名法达，何曾达法？"复说偈曰：

　　汝今名法达，勤诵未休歇；

　　空诵但循声，明心号菩萨。

　　汝今有缘故，吾今为汝说；

　　但信佛无言，莲华从口发。

达闻偈，悔谢曰："而今而后，当谦恭一切。弟子诵《法华经》，未解经义，心常有疑。和尚智慧广大，愿略说经中义理。"

师曰："法达！法即甚达，汝心不达。经本无疑，汝心自疑。汝念此经，以何为宗？"

达曰："学人根性暗钝，从来但依文诵念，岂知宗趣！"

注释：

①前念不生：念，指意念，又指刹那的时间。过去者称"前念"，相续者称"后念"。前念、后念指心在瞬间的变化。前念不生即指前一个念头已经过去，不要再留恋它的再生，对自己的思维活动不要执著。下文的"后念不灭"，指将要出现的念头任其出现，不必故意限制压抑自己的认识活动。

②成一切相即心：就是说外在一切事物和现象都是心的派生物。相，形相或状态的意思；相对于性质、本体等而言，即指诸法之形象状态。

③离一切相即佛：自心不为外在的一切事物和现象所干扰就达到了觉悟。

④习性：又名"习种性"，即以前研习所修成的性。

⑤《法华经》：《妙法莲华经》的略称。《经中法·师品》曰："是法华经藏，深固幽远，无人能到。"《同安乐·行品》曰："此法华经，诸佛如来秘密之藏，于诸经中最在其上。"

⑥礼本折慢幢（chuáng）：指礼本来就是消除傲慢心理的。幢，又作"宝幢"、"天幢"、"法幢"，为旗之一种，用以庄严佛菩萨及道场。谓圆桶状者为"幢"，长片状者为"幡"。慢幢比喻骄傲高慢之心如说法时高耸之幢。

译文：

僧人法海，是韶州曲江人氏。一开始他参礼六祖惠能大师。

问："即心即佛是什么意思，希望您能给予指示教谕。"

惠能大师说:"对已生之念不留恋即是心,对将生之念任其显现就是佛;能成万法一切相的是心,能离万法一切相的是佛。我若是给你具体详细地说,可能穷尽无数劫的时间也说不完,你听我的偈吧。"偈说:

　　　　即心名慧,即佛乃定;

　　　　定慧等持,意中清净。

　　　　悟此法门,由汝习性;

　　　　用本无生,双修是正。

　　法海立刻全部开悟,用一首偈来感慨赞叹:

　　　　即心元是佛,不悟而自屈;

　　　　我知定慧因,双修离诸物。

　　僧人法达,洪州人。七岁时出家为僧,常常念诵《法华经》。他来礼拜六祖惠能大师,行礼时头却不触到地面。

　　惠能大师斥责他说:"行礼头不触地,还不如不行礼。你心中肯定执著着一个事物,平时都修行什么?"

　　法达说:"我念诵《法华经》已经达到三千部了!"

　　六祖惠能大师说:"你如果念到上万部,得悟经文的大义,却仍然不以为了不起,那么你可以和我一起修行。你现在以这个事业自负自傲,都还不知道自己的罪过。听我的偈吧。"偈说:

　　　　礼本折慢幢,头奚不至地;

　　　　有我罪即生,亡功福无比。

　　惠能大师又说:"你叫什么名字?"

　　法达回答说:"我叫法达。"

惠能大师说："你名字叫法达,你哪里通达佛法了?"又说一个偈道:

> 汝今名法达,勤诵未休歇;
>
> 空诵但循声,明心号菩萨。
>
> 汝今有缘故,吾今为汝说;
>
> 但信佛无言,莲华从口发。

法达听了偈后,后悔不已,向惠能大师谢罪说:"从今以后,我应该对一切保持谦恭的态度。弟子念诵《法华经》,并没有体解佛经大义,心中常常生起疑惑。大师具有无边广大的智慧,希望大致为我讲说经文义理。"

惠能大师说:"法达!佛法本是十分通达的,你的本心愚迷就不能达到了。佛经原本不存在疑惑,你的自心生起疑惑。你念这个佛经,认为什么是它的宗旨啊?"

法达说:"我根器禀性晦暗愚钝,从来只知道依照文字念诵经文,我哪里还知道经文的宗旨和旨趣啊!"

师曰:"吾不识文字,汝试取经诵一遍,吾当为汝解说。"法达即高声念经,至《譬喻品》[①]。师曰:"止!此经元来以因缘出世为宗[②]。纵说多种譬喻,亦无越于此。何者因缘?经云:'诸佛世尊,唯以一大事因缘,出现于世。'一大事者,佛之知见也[③]。

"世人外迷著相,内迷著空。若能于相离相,于空离空,即是内外不迷。若悟此法,一念心开,是为开佛知见。

"佛，犹觉也。分为四门：开觉知见，示觉知见，悟觉知见，入觉知见。若闻开示，便能悟入，即觉知见，本来真性而得出现。

"汝慎勿错解经意：见他道开示悟入，自是佛之知见，我辈无分。若作此解，乃是谤经毁佛也。彼既是佛，已具知见，何用更开？汝今当信佛知见者，只汝自心，更无别佛。盖为一切众生，自蔽光明，贪爱尘境④，外缘内扰，甘受驱驰，便劳他世尊，从三昧起，种种苦口⑤，劝令寝息，莫向外求，与佛无二，故云开佛知见。吾亦劝一切人，于自心中，常开佛之知见。世人心邪，愚迷造罪，口善心恶，贪嗔嫉妒，谄佞我慢⑥，侵人害物，自开众生知见⑦。若能正心，常生智慧，观照自心，止恶行善，是自开佛之知见。

"汝须念念开佛知见，勿开众生知见，开佛知见，即是出世。开众生知见，即是世间。汝若但劳劳执念，以为功课者，何异犛牛爱尾⑧？"

注释：

①《譬喻品》：经名。《法华经》二十八品中之第三品，出于经的第二卷。

②出世："出世间"的略称，即超越世俗、出离世尘的意思，指诸佛出现于世间成佛，以教化众生；也指跳出世间不再受生死。

③佛之知见:《法华经·方便品》曰:"开佛知见。"即指佛的智慧。知见,指依自己的思虑分别而立的见解。与智慧有别,智慧是般若的无分别智,为离思虑分别之心识。

④尘境:指心的对象,为六尘之心所对者,即色、声、香、味、触、法等六境。

⑤种种苦口:根据不同的情况,利用不同的方法来教化。

⑥我慢:视"我"为一己之中心,由此所执之"我"而形成骄慢心。

⑦众生知见:指会导致凡夫生起烦恼的见解。

⑧犛(lí)牛爱尾:出自《法华经·方便品》。人们不舍自己的欲望,正像犛牛爱自己的尾巴一样。

译文:

惠能大师说:"我不认识字,你先把佛经拿来念诵一遍,我会给你讲解的。"法达立刻大声念诵经文,念到《譬喻品》的时候,惠能大师说:"停,这部经原本是以如来以何因缘出现于世间为宗旨的。纵然说了许多种比喻,也不超越这个宗旨。什么是因缘?佛经上说:'一切佛菩萨,都是为了一件大事的因缘才出现在世间的。'这种大事就是佛的真知正见。

"世上的人在外就执著于外境相状,对内又执著于虚妄空寂。如果能在一切相上又超离一切相,在一切空中又超离一切空,那就是对内对外都不执迷。如果悟到这个法门,一念之间,顿然开悟,这就是开悟佛的知见。

"佛,就是觉悟。分为四门:开启觉知之见,显示觉知之见，证悟觉知之见，契入觉知之见。如果听到开示，就能契悟证入，这就是觉知见，本来具有的真如佛性因而得以显现。

"你千万慎重不要错误理解了佛经的大义：听他讲开、示、悟、入四门觉知见，认为这本是佛的知见，与我们这样的人没有关系。如果作这样的理解，那就是诽谤经典毁誉佛祖。佛既然已经是佛了，已经具足知觉正见，还用再开悟做什么？你今天应该正信所谓佛知见，只是在你自己心中，更没有其他的佛。因为一切众生，自我遮蔽智慧光明，贪欲爱憎尘世俗境，外缘浸染，内妄滋扰，因而自甘为此一切尘劳驱策奔驰，更加劳烦我佛世尊，从禅定开始，苦口婆心，劝诫众生使之息心止念，不要向心外妄求，就能和佛没有分别，所以说是开悟佛的知见。我也劝告所有人，在自我本心中，常常开悟佛的知见。世上的人心易生邪念，愚昧执迷，造作业罪。嘴上说善，心中行恶，贪欲嗔怒、嫉妒、谄媚、虚妄、自我、傲慢、害人害物，这都是自己开悟众生世俗的知见。如果能端正本心，常常生起智慧，观察审照自我本心，止断恶念，奉行善心，就是自己开悟佛的知见了。

"你必须心心念念、时时刻刻开悟佛的知见，不要开众生的世俗知见，开悟佛的知见，就是超凡出世。开了众生的知见，就是堕入世间。你如果只是辛辛苦苦白白地执迷众生知见，却仍然以为是在修道立功德，这与犛牛爱护自己的长尾巴，执迷贪恋有什么区别呢？"

达曰："若然者，但得解义，不劳诵经耶？"

师曰："经有何过，岂障汝念！只为迷悟在人，损益由己。口诵心行，即是转经[1]；口诵心不行，即是被经转。听吾偈。"曰：

　　　　心迷法华转[2]，心悟转法华。

　　　　诵经久不明，与义作仇家。

　　　　无念念即正，有念念成邪。

　　　　有无俱不计，长御白牛车[3]。

　　达闻偈，不觉悲泣，言下大悟，而告师曰："法达从昔已来，实未曾转法华，乃被法华转。"再启曰："经云：诸大声闻乃至菩萨，皆尽思共度量，不能测佛智。今令凡夫但悟自心，便名佛之知见，自非上根，未免疑谤。又经说三车[4]，羊鹿牛车与白牛之车，如何区别？愿和尚再垂开示。"

　　师曰："经意分明，汝自迷背。诸三乘人[5]，不能测佛智者，患在度量也。饶伊尽思共推，转加悬远。佛本为凡夫说，不为佛说。此理若不肯信者，从他退席。殊不知坐却白牛车，更于门外觅三车。况经文明向汝道：唯一佛乘，无有余乘，若二若三，乃至无数方便，种种因缘、譬喻言词，是法皆为一佛乘故。汝何不省！三车是假，为昔时故；一乘是实，为今时故。只教汝去假归实，归实之后，实亦无名。应知所有珍财，尽属于汝，由汝受用；更不作父想[6]，亦不作子想[7]，亦无用想[8]，是名持《法华经》。从劫至劫，手不释卷，从昼至夜，无不念时也。"

达蒙启发,踊跃欢喜。以偈赞曰:

经诵三千部,曹溪一句亡。

未明出世旨,宁歇累生狂?

羊鹿牛权设,初中后善扬⑨。

谁知火宅内⑩,元是法中王⑪。

师曰:"汝今后方可名念经僧也。"

达从此领玄旨,亦不辍诵经。

注释:

①转经:读诵经典。完整诵读一部经者,称"真读"。仅读诵其初、中、后之数行,或仅翻页拟作读经状,均称为"转经",又称"转读"。

②心迷法华转:心中不明白经义,只是口中念诵《法华经》,这就等于被《法华经》所"转",没有真正地诵念经文,所以没有"转经"。

③长御白牛车:《法华经》以"白牛车"比喻一佛乘,即获得了佛的智慧。《坛经》讲的"白牛车"和"一佛乘",实为借用这些名称来表达禅宗的教义。

④三车:羊车、鹿车、牛车,次第譬喻声闻乘、缘觉乘、大乘者。羊车是形容声闻乘只能自度,不能度他,好像一辆小小的羊车不能装载货物;鹿车是形容缘觉乘能自度兼度亲属,好像一辆鹿车能载少许的货物;牛车是形容菩萨乘不但自度且能普度众生,好像一辆大牛车能运载许多的货物。

⑤三乘人:声闻乘、缘觉乘、菩萨乘。"声闻乘"又名"小

"，可证阿罗汉果；"缘觉乘"又名"中乘"，可证辟支佛果；"菩萨乘"又名"大乘"，可证无上佛果。

⑥更不作父想："父"指《法华经》中讲的"大宝长者"，他曾把财物分给儿子们。这里的意思是所有的财宝（佛性）都是自己本有的，不要认为是大富长者（即代表佛）的。

⑦亦不作子想：子，指大富长者的儿子，这里指众生。这句话的大意是不要认为财富（佛性）是他人的。

⑧亦无用想：所要表达的是父想、子想、用想都不应作意，即连想也不要想。虽说禅宗的立场是不必到自身之外寻求佛性，但也进一步认为连向自心寻找佛的念头也应破除，因为这样将限制自己的认识活动，也是一种执著。

⑨初中后善：初善、中善、后善。初善，指羊车，譬喻声闻乘；中善，指鹿车，比喻缘觉乘；后善，即牛车，比喻为大乘者。

⑩火宅：比喻迷界众生所居住的三界。语出《法华经·七喻》中的火宅喻。众生生存于三界中，受各种迷惑之苦，然犹不自知其置身苦中，譬如屋宅燃烧，而宅中稚儿仍不知置身火宅，依然嬉乐自得。譬喻三界之生死，譬如火宅也。

⑪法中王：指经过长时间修梵行，并证得无上菩提的修行者。

译文：

法达说："要是这样，只要能理解佛法大义，就不要念诵佛经了吗？"

惠能大师说："佛经有什么过错，难道妨碍你念诵了吗！只

是由于愚迷和开悟在于你个人，损失和增益全由你自己。口中
念诵经文，内心奉行，这样才是运转起用佛经；口中念诵，心中
不奉行，这是被佛经所牵引运转了。听我的偈。"偈说：

> 心迷法华转，心悟转法华。
>
> 诵经久不明，与义作仇家。
>
> 无念念即正，有念念成邪。
>
> 有无俱不计，长御白牛车。

法达听了偈后，不觉地悲伤哭泣，立刻大悟，转而告诉惠能
大师说："法达从过去以来，实在是从没有转运起用过法华经
义，而是被法华经文牵引运转着。"又禀告说："佛经中说，一切
大声闻乃至菩萨全部思索度量，也不能揣测佛的智慧。现在凡
夫俗子们，只要开悟自我本心，便说是佛的知见，不是上等根器
的人，难免会对此说法有疑惑和毁谤。另外佛经上说了三种车
乘，羊车、鹿车、牛车，还有一种白牛车，如何区别这些呢？希
望大师再给予开示。"

惠能大师说："佛经中的意思非常清楚明白，是你自己迷惑，
背道而驰。那些三乘人，不能揣测佛的智慧，其错误就在于用
思维去揣测度量。任凭他们费尽心思一起推测，反而离佛的智
慧越来越远。佛本来是为凡夫俗子们宣讲教法的，不是为佛自
己说的。如果不肯相信这个道理的人，任他退场出去，不要听
了。竟然不知道自己坐上了白牛车，却还在门外找寻羊车、鹿
车和牛车。况且经文明明白白地向你说了：只有唯一的佛乘，
没有别的教乘，如果有第二个、第三个，甚至无数个方便法门，
各种各样的因缘际会、譬喻比方、言语词句，这些方便法门都是

为了说明这一佛乘。你怎么不省悟！所谓羊、鹿、牛车是假设，是为过去愚迷众生作的比喻；大白牛车是真实的，是为了当今人而设的。这只是要教导你去除假相回归真实，回归真实之后，真实本身也没有了，也不应该执著。你应该知道珍宝、财富，都是属于你的，由你享用。不要想这个财产是你父亲的，也不要想这个财产是你儿子的，也不要想这是财富，这样才是叫作奉持《法华经》。如果这样，就如同在前一劫到后一劫的漫长时间里，在任何时间，都手不释卷，从早到晚都在念诵心行《法华经》。"

法达受到启发，高兴得手舞足蹈，用一首偈来赞叹：

　　经诵三千部，曹溪一句亡。

　　未明出世旨，宁歇累生狂？

　　羊鹿牛权设，初中后善扬。

　　谁知火宅内，元是法中王。

惠能大师说："你从今以后才可以被称为念经僧人。"

法达从此领受了《法华经》玄深的教旨，同时也没有停止念诵佛经。

僧智通[①]，寿州安丰人，初看《楞伽经》，约千余遍，而不会三身四智[②]。礼师求解其义。

师曰："三身者，清净法身，汝之性也；圆满报身，汝之智也；千百亿化身，汝之行也。若离本性，别说三身，即名有身无智[③]。若悟三身无有自性[④]，即名四智菩提。听吾偈。"曰：

自性具三身，发明成四智。

不离见闻缘，超然登佛地。

吾今为汝说，谛信永无迷。

莫学驰求者，终日说菩提。

通再启曰："四智之义，可得闻乎？"

师曰："既会三身，便明四智，何更问耶？若离三身，别谈四智。此名有智无身，即此有智，还成无智。"复说偈曰：

大圆镜智性清净，平等性智心无病，

妙观察智见非功，成所作智同圆镜。

五八六七果因转[5]，但用名言无实性[6]，

若于转处不留情，繁兴永处那伽定[7]。

通顿悟性智[8]，遂呈偈曰：

三身元我体，四智本心明；

身智融无碍，应物任随形。

起修皆妄动，守住匪真精；

妙旨因师晓，终亡染污名。

注释：

①智通：唐代禅僧，生卒年不详。据《景德传灯录》卷十载，师参礼归宗智常求法，一夕突大呼："我已大悟也。"次日，智常问之，答："师姑天然是女人作。"智常许之。后居五台山法华寺，自称"大禅佛"。示寂前举偈云："举手攀南斗，回身倚北辰，

出头天外看,谁是我般人?"

②四智:指四种智慧。法相宗所立如来的"四智"。凡夫有八识,至如来转为"四智"。一大圆镜智,转第八识者;二平等性智,转第七识者;三妙观察智,转第六识者;四成所作智,转第五识者。

③有身无智:禅宗认为离开了人的自我本性,一切都是虚幻不真实的。因为"四智"不离本性,若离本性而说"三身",所谈的就只能是不起智用的空洞名言概念,不是真正的"三身"。

④三身无有自性:"三身"是从一个自我的本性而生的,并非说"三身"中各有一个自性。

⑤五八六七果因转:五,指八识中之前五识,眼、耳、鼻、舌、身对于色、声、香、味、触之"五尘",能起五种识。八,指第八识,又名"阿赖耶识"。六,则指"八识"中之第六识,即意识。七,是"八识"中之第七识,即末那识。前五识及第八识,属于果。第六识、第七识,属于因。前五识和第八识必需到成就佛果时才能转为所作智和大圆镜智,所以叫做"果上转"。第六识和第七识却能在未成就佛果前就能转为"妙观察智"和"平等性智",因而叫做"因中转"。

⑥实性:"真如"的异名。

⑦那伽定:意译为"龙",有"定"的意思。龙定止于深渊曰"那伽定"。

⑧通顿悟性智:即认识、理解了关于从自性上谈"三身"和"四智"的理论。

译文：

僧人智通，寿州安丰人氏，最初看《楞枷经》，大约看了一千多遍，却还不领会三身四智的意思。前来礼敬惠能大师请求开解大义。

惠能大师说："三身，即清净的法身，这是你的本性；圆满的报身，这是你的智慧；千百亿的化身，这是你的行为。如果说脱离了自性，另外讲三身，这叫作有身无智。如果悟到了三身却没有自性，这叫做四智菩提。听我的偈。"偈说：

自性具三身，发明成四智。

不离见闻缘，超然登佛地。

吾今为汝说，谛信永无迷。

莫学驰求者，终日说菩提。

智通又问："四智的道理，可以听您讲讲吗？"

惠能大师说："既然领会了三身之意，就明了四智的意义，何必再问呢？如果脱离了三身，再谈什么四智，这叫做有智无身，就是本身具有这个智慧，表现出来的却是没有智慧。"又说偈：

大圆镜智性清净，平等性智心无病，

妙观察智见非功，成所作智同圆镜。

五八六七果因转，但用名言无实性，

若于转处不留情，繁兴永处那伽定。

智通立刻顿悟了在自性上谈三身四智的道理，便呈上自作的偈：

三身元我体，四智本心明；

> 身智融无碍,应物任随形。
>
> 起修皆妄动,守住匪真精;
>
> 妙旨因师晓,终亡染污名。

僧智常,信州贵溪人①。髫年出家,志求见性。一日参礼。

师问曰:"汝从何来,欲求何事?"

曰:"学人近往洪州白峰山礼大通和尚②,蒙示见性成佛之义,未决狐疑。远来投礼,伏望和尚慈悲指示。"

师曰:"彼有何言句,汝试举看?"

曰:"智常到彼,凡经三月,未蒙示诲。为法切故,一夕独入丈室③,请问如何是某甲本心本性。大通乃曰:'汝见虚空否?'对曰:'见!'彼曰:'汝见虚空有相貌否?'对曰:'虚空无形,有何相貌?'彼曰:'汝之本性,犹如虚空,了无一物可见,是名正见;无一物可知,是名真知。无有青黄长短,但见本源清净,觉体圆明,即名见性成佛,亦名如来知见。'学人虽闻此说,犹未决了,乞和尚开示。"

师曰:"彼师所说,犹存见知,故令汝未了。吾今示汝一偈。"曰:

> 不见一法存无见④,大似浮云遮日面。
>
> 不知一法守空知⑤,还如太虚生闪电。
>
> 此之知见瞥然兴,错认何曾解方便⑥。

汝当一念自知非,自己灵光常显现。

  常闻偈已,心意豁然,乃述偈曰:

    无端起知见,著相求菩提[7],

    情存一念悟,宁越昔时迷[8]。

    自性觉源体,随照枉迁流,

    不入祖师室,茫然趣两头。

  智常一日问师曰:"佛说三乘法[9],又言最上乘,弟子未解,愿为教授。"

  师曰:"汝观自本心,莫著外法相。法无四乘[10],人心自有等差。见闻转诵是小乘,悟法解义是中乘,依法修行是大乘。万法尽通,万法俱备,一切不染,离诸法相,一无所得,名最上乘[11]。乘是行义,不在口争,汝须自修,莫问吾也。一切时中,自性自如。"

  常礼谢执侍,终师之世。

注释:

①信州:今江西上饶。贵溪:今江西贵溪。

②大通和尚:五祖弘忍大师弟子神秀上座的谥号。

③丈室:即禅寺中住持之居室或客殿,今转为禅林住持或对师父的尊称。俗称"方丈"或"方丈和尚"。

④不见一法存无见:不见一法,指上文大通和尚讲的"了无一物可见"。这里指连"无见"都不应该存在心中,这样将有碍于明心见性。

⑤不知一法守空知：不知一法，指上文大通和尚讲的"了无一物可知"，"守空知"就是一种执著，认为真有"无一物可知"。

⑥错认何曾解方便：错以无知无见为真实。追求"无见"、"空知"也是一种对外在一切现象的执著。

⑦著相：执著于相状。这里指对"存无见"和"守空知"的执著。

⑧情存一念悟，宁越昔时迷："悟"本是修行所追求的境界，但如果内心存在一个"无"的念头，或自以为悟了，正好说明没有觉悟，反而是处在"迷"的情况。

⑨三乘：指声闻、缘觉和菩萨三乘。

⑩四乘：三乘加上一乘（佛乘）就是四乘。

⑪最上乘：指大白牛车，比喻得佛乘者。《金刚经》说如来为发大乘者，为发最上乘者。

译文：

僧人智常，信州贵溪人。幼年时就出家为僧了，立志求得识见本性。一天他来参拜礼敬惠能大师。

惠能大师问："你从哪里来，想求做什么？"

智常说："弟子我不久前到洪州白峰山礼敬大通和尚，承蒙开示识见本性、成就佛道的教义，但是还没有解决我心中的狐疑。大老远地跑来礼敬大师，乞望大师慈悲指授开示我。"

惠能大师说："你在大通和尚那里参礼，有些什么对话，你先列举一些我来给你看看。"

智常说："智常我到大通和尚那里，大约住了三个月，仍没有受到开示和教诲。因为求法心切的缘故,一天傍晚我一个人来到方丈室,向大通和尚请教什么是我的本心本性。大通和尚说:'你看到虚空吗?'我回答说:'看到了。'大通和尚问:'你看到虚空有相貌吗?'我回答说:'虚空没有相状,怎么会有相状形貌呢?'大通和尚说:'你的自我本性,就如同虚空,没有一个事物可以识见,这叫做正见;没有一个事物可以认知,这叫做真知。没有青黄长短,只见本源清净,智慧本体圆明,就叫做识见本性成就佛道,也叫做如来知见。'我虽然听到这种说法,但仍然并未了解,恳请大师开示。"

惠能大师说:"那位大师所说的,仍然存在着知见,所以让你没有了达,我现在给你一个偈吧。"偈说:

　　不见一法存无见,大似浮云遮日面。

　　不知一法守空知,还如太虚生闪电。

　　此之知见瞥然兴,错认何曾解方便。

　　汝当一念自知非,自己灵光常显现。

智常听了偈后,心意豁然领悟,便叙述了自作的偈:

　　无端起知见,著相求菩提,

　　情存一念悟,宁越昔时迷。

　　自性觉源体,随照枉迁流,

　　不入祖师室,茫然趣两头。

智常有一天问惠能大师:"佛说有声闻、缘觉和菩萨三乘教法,却又说了最上乘的成佛方法,对于这一点弟子还没有开解,希望您为我指授教化。"

惠能大师说:"你观照自心,不要执著外境外相。佛法本来是没有四乘之分的，是因为人自己心中有等差。能够听讲佛经并转而念诵的是小乘法，解说佛法义理的是中乘法，依照佛法修行的是大乘法。一切教法都能通达，一切教法都自具备，一切都不被沾染，超离一切法相，且一无所得，这叫作最上乘。乘是修行的意思，不在于口头上争论，你需要自己修行，不要问我了。时时刻刻，自我本性如如不动。"

智常礼拜致谢并从此侍奉惠能大师直至去世。

僧志道，广州南海人也[①]。请益曰："学人自出家，览《涅槃经》十载有余，未明大意，愿和尚垂诲。"

师曰："汝何处未明？"

曰："'诸行无常[②]，是生灭法；生灭灭已，寂灭为乐[③]。'于此疑惑。"

师曰："汝作么生疑？"

曰："一切众生皆有二身，谓色身法身也[④]。色身无常，有生有灭；法身有常，无知无觉。经云：生灭灭已，寂灭为乐者，不审何身寂灭？何身受乐？若色身者，色身灭时，四大分散[⑤]，全然是苦，苦不可言乐。若法身寂灭，即同草木瓦石，谁当受乐？又法性是生灭之体，五蕴是生灭之用；一体五用，生灭是常。生则从体起用，灭则摄用归体。若听更生，即有情之类，不断不灭。若不听更生，则永归寂灭，同于无情之物。如是，则一切诸法被涅槃之所禁伏[⑥]，尚不得生，何乐之有？"

师曰:"汝是释子,何习外道断常邪见⑦,而议最上乘法?据汝所说,即色身外别有法身,离生灭求于寂灭。又推涅槃常乐,言有身受用。斯乃执吝生死,耽著世乐。汝今当知佛为一切迷人,认五蕴和合为自体相⑧,分别一切法为外尘相,好生恶死,念念迁流,不知梦幻虚假,枉受轮回⑨,以常乐涅槃,翻为苦相,终日驰求。佛愍此故,乃示涅槃真乐,刹那无有生相,刹那无有灭相,更无生灭可灭,是则寂灭现前。当现前时,亦无现前之量,乃谓常乐。此乐无有受者,亦无不受者,岂有一体五用之名?何况更言涅槃禁伏诸法,令永不生,斯乃谤佛毁法。听吾偈。"曰:

　　　　无上大涅槃,圆明常寂照。
　　　　凡愚谓之死;外道执为断;
　　　　诸求二乘人,目以为无作;
　　　　尽属情所计,六十二见本⑩。
　　　　妄立虚假名,何为真实义?
　　　　惟有过量人,通达无取舍。
　　　　以知五蕴法,及以蕴中我,
　　　　外现众色象,一一音声相,
　　　　平等如梦幻,不起凡圣见;
　　　　不作涅槃解,二边三际断⑪。
　　　　常应诸根用,而不起用想;
　　　　分别一切法,不起分别想。
　　　　劫火烧海底,风鼓山相击,

真常寂灭乐,涅槃相如是。

吾今强言说,令汝舍邪见,

汝勿随言解,许汝知少分。

志道闻偈大悟,踊跃作礼而退。

注释:

①广州南海:即今天的广东佛山。

②诸行无常:世间一切现象与万物经常转变不息。这是佛法之根本大纲。与诸法无我、涅槃寂静,同为"三法印"之一。

③寂灭为乐:远离迷惑世界之境地。此境地对处于生死流转不安的迷界众生而言,含有快乐之意,故称"寂灭为乐"。寂灭,是"涅槃"的语译。

④色身:指有色有形之身,广指肉身而言。但佛典中多用以指佛、菩萨的相好身,即相对于无色无形的法身,称有色有形的身相为"色身"。法身:又名"自性身",或"法性身",即指佛所说的正法、佛所得之无漏法,及诸佛所证的真如法性之身。

⑤四大分散:人们的肉身,就是由地、水、火、风之坚、湿、暖、动等性所构成的。此四大种性如果不调和,肉身就会散坏,即人的肉体将生病或死亡。

⑥涅槃:又译作"泥日"、"泥洹"、"涅槃那"等。意译为"灭"、"灭度"、"寂灭"、"安乐"、"无为"、"不生"、"解脱"、"圆寂"等。涅槃的字义,有消散的意思,即苦痛的消除而得自在。也就是灭生死之因果,渡生死之瀑流,达到智悟的菩提境界。

⑦断常：即断见和常见。断有灭绝之意，持此见者坚持人死之后身心断灭不复再生的邪见；常即永恒存在，持此见者坚持身心常住永恒不灭的邪见。

⑧五蕴：指构成一切有为法的五种要素，即色蕴、受蕴、想蕴、行蕴、识蕴。蕴，意指积集，旧译作"阴"、"众"、"聚"，故"五蕴"又称"五阴"、"五众"、"五聚"。

⑨轮回：又作"流转"、"死"、"生死轮回"、"生死相续"、"轮回转生"、"轮回"、"轮转"等。谓众生由惑业之因（贪、嗔、痴三毒）而招感"三界"、"六道"之生死轮转，恰如车轮之回转，永无止尽，故称"轮回"。印度婆罗门教、耆那教等都采用这种理论作为它们的根本教义之一。佛教沿用了这个原则并作了进一步的发展，注入自己的教义。

⑩六十二见：指外道的六十二种错误的见解。这里泛指一切错误的观点。

⑪二边三际："二边"是指有、无二边；"三际"指过去、现在、未来三时，或指外、内、中间三处。

译文：

僧人志道，广州南海人。向惠能大师请教："弟子自从出家以来，阅读《涅槃经》已经有十多年了，都没有明白经文大意，希望大师给予教诲。"

惠能大师问："你是哪里不明白？"

志道说："经中有这一句，'诸行无常，是生灭法；生灭灭已，寂灭为乐'。我对这一句疑惑不解。"

惠能大师说:"你有什么疑惑?"

　　志道说:"一切众生都有色身法身这二身。色身是变化的,有生也有死;法身是永恒的,无知也无觉。佛经上说:生灭灭已,寂灭为乐,我不知道是哪一个身寂灭?哪一个身受乐?如果是色身,那么色身坏灭的时候,由地、水、火、风四大和合组成的色身全部分散了,这是苦,既然苦就不可以说是乐。如果法身寂灭,就如同草木瓦石一样,谁来承当受乐呢?另外,法性是生灭的本体,五蕴是生灭的功用;一个主体五种功用,生灭应该是永恒不变的。生就是从本体中生起作用,灭就是摄这五种用而归还法。如果听任其再生,那么所有有情,不会断灭。如果不任其再生,那就永远归于寂灭,等同于草木瓦石等无情之物。这样,那么一切法都被涅槃禁伏,尚且不能得再生,又有什么乐处呢?"

　　惠能大师说:"你是佛门弟子,怎么学习外道断灭和永恒的那类偏见,并以此来议论最上乘佛法?根据你所说的,就是说色身之外还有法身,超离生灭,求得寂灭。又说涅槃常乐,都是说有一个身在受用。你这乃是执著于生死,沉迷于世间享乐。你现在应该知道,一切执迷的人,都把五蕴和合作为自体的实相,区分一切法为外在现象,贪求生存,厌恶死亡,不知道世间一切都是梦幻虚假,徒劳无益,空受轮回,反而把永恒极乐的涅槃认作为苦相,整天追逐寻求世俗欲念。佛正是由于怜悯他们的原故,才显示涅槃的真正极乐,瞬间没有了生的相状,瞬间没有了灭的相状,更没有生灭这个相状可以灭,则真正的寂灭出现在眼前。即便当它出现眼前时,也没有'出现'这个量显现，这叫作常乐。这个乐没有承受者，也没有不承受者，哪里有所谓的一个本体五种功用的说法？何况还说涅槃禁伏住了一切万法，使这些一切永远不得再生，这实在是诽谤佛，毁谤佛法。听我的偈吧。"偈说：

　　　　无上大涅槃，圆明常寂照。
　　　　凡愚谓之死；外道执为断；
　　　　诸求二乘人，目以为无作；
　　　　尽属情所计，六十二见本。
　　　　妄立虚假名，何为真实义？
　　　　惟有过量人，通达无取舍。
　　　　以知五蕴法，及以蕴中我，
　　　　外现众色象，一一音声相，
　　　　平等如梦幻，不起凡圣见；
　　　　不作涅槃解，二边三际断。
　　　　常应诸根用，而不起用想；
　　　　分别一切法，不起分别想。
　　　　劫火烧海底，风鼓山相击，
　　　　真常寂灭乐，涅槃相如是。
　　　　吾今强言说，令汝舍邪见，
　　　　汝勿随言解，许汝知少分。

　　志道听了偈后大彻大悟，欢喜踊跃，行礼退下了。

　　行思禅师①，生吉州安城刘氏，闻曹溪法席盛化，径来参礼。

遂问曰:"当何所务,即不落阶级?"

师曰:"汝曾作什么来?"

曰:"圣谛亦不为②。"

师曰:"落何阶级?"

曰:"圣谛尚不为,何阶级之有?"

师深器之,令思首众。一日,师谓曰:"汝当分化一方,无令断绝。"

思既得法,遂回吉州青原山,弘法绍化。谥弘济禅师。

怀让禅师③,金州杜氏子也。初谒嵩山安国师④,安发之曹溪参扣。让至礼拜。

师曰:"甚处来?"

曰:"嵩山。"

师曰:"什么物,恁么来?"

曰:"说似一物即不中⑤。"

师曰:"还可修证否?"

曰:"修证即不无⑥,污染即不得。"

师曰:"只此不污染,诸佛之所护念。汝既如是,吾亦如是。西天般若多罗谶⑦:'汝足下出一马驹,踏杀天下人⑧。'应在汝心,不须速说!"

让豁然契会,遂执侍左右一十五载,日臻玄奥。后往南岳,大阐禅宗。

注释:

①行思禅师(671—740):吉州安城人,俗姓刘。幼年出家,从六祖惠能学法。与南岳怀让并称二大弟子,同嗣六祖法脉。后住吉州青原山静居寺,故号"青原行思"。门徒云集,禅风大振。其后又自此法系衍出云门、曹洞、法眼等三系。

②圣谛:即指圣者所知一切寂静的境界,乃佛教之根本大义,所以又称"第一义"、"真谛"。谛,即真实不虚的道理。

③怀让禅师(677—744):金州安康人。惠能圆寂后,得嗣其法并于南岳般若寺观音台弘教传禅。到他的弟子马祖道一时,怀让一系禅宗兴盛起来,被称为"南岳一系"。其后又自此法系衍出沩仰和临济两系。

④安国师:弘忍的弟子之一,曾常住于嵩山。

⑤说似一物即不中:禅宗认为,人的本心和本性是离言绝相的,明心见性的禅境体验不能以言语来确切描述。不中,即不行,不可以。

⑥修证:即指修行与证悟。

⑦西天:指天竺。般若多罗:又称"璎珞童子"。是禅宗所立西天二十八祖中之第二十七祖。东天竺人,婆罗门种。约二十岁遇二十六祖不如蜜多,受付嘱而成为西天第二十七祖。谶(chèn):指预言。

⑧"汝足下"两句:指怀让门下出现马祖道一之后,禅宗将更加的兴盛。

译文:

行思禅师,生于吉州安城刘氏家中,听说曹溪惠能大师流布佛法,影响广大,就直接来参拜惠能大师。

行思禅师便问:"应当怎么做,就不会落入有阶级的渐修?"

惠能大师说:"你曾经做什么呢?"

行思禅师说:"我连圣谛也不修。"

惠能大师说:"那落到哪个阶级了?"

行思禅师说:"连圣谛都不修,哪还会有什么阶级存在?"

惠能大师十分器重他,让行思做了首座。一天,惠能大师说:"你应当单独教化一方,不要让佛法断绝。"

行思领受了教法,就回到吉州青原山,弘传佛法,广为教化。谥弘济禅师。

怀让禅师,金州杜氏的儿子。最初拜嵩山慧安国师,慧安国师让他到曹溪山来参拜惠能大师。怀让禅师来到曹溪山并礼拜惠能大师。

惠能大师说:"从哪里来?"

怀让禅师说:"嵩山。"

惠能大师说:"是什么东西,怎么来的?"

怀让禅师说:"说像一个东西就不是了。"

惠能大师说:"还可以修行证悟吗?"

怀让禅师说:"修行证悟就不是无,受到浸染就不可得了。"

惠能大师说:"具有不受污染这一点,是所有佛所共同护念的。你就是这样,我也是这样。西天竺的般若多罗法师曾经预言:'在你的门下将要出现一匹小马驹,他的智慧可以征服天下人。'这个预言将应证在你身上，等待时机，不必过早地说出来。"

怀让豁然契悟，便侍奉惠能大师身边十五年，越来越修证到玄妙深奥的境界。后来去了南岳衡山，大力阐扬禅宗。

永嘉玄觉禅师①，温州戴氏子，少习经论，精天台止观法门②。因看《维摩经》，发明心地。偶师弟子玄策相访，与其剧谈，出言暗合诸祖。

策云："仁者得法师谁？"

曰："我听方等经论，各有师承。后于《维摩经》，悟佛心宗，未有证明者。"

策云："威音王已前即得③，威音王已后，无师自悟，尽是天然外道。"

曰："愿仁者为我证据。"

策云："我言轻，曹溪有六祖大师，四方云集，并是受法者。若去，则与偕行。"

觉遂同策来参。绕师三匝，振锡而立。

师曰："夫沙门者④，具三千威仪，八万细行⑤。大德自何方而来⑥，生大我慢？"

觉曰："生死事大，无常迅速。"

师曰："何不体取无生，了无速乎？"

曰："体即无生，了本无速。"

师曰："如是！如是！"

玄觉方具威仪礼拜，须臾告辞。

师曰："返太速乎？"

曰："本自非动，岂有速耶？"

师曰："谁知非动？"

曰："仁者自生分别。"

师曰："汝甚得无生之意。"

曰："无生岂有意耶？"

师曰："无意谁当分别？"

曰："分别亦非意。"

师曰："善哉！少留一宿。"

时谓"一宿觉"。后著《证道歌》，盛行于世。

注释：

①永嘉玄觉禅师：即《永嘉证道歌》的作者，温州永嘉人，俗姓戴，字明道，号永嘉玄觉。八岁出家，博探三藏，尤通天台止观。后于温州龙兴寺侧岩下自构禅庵，独居研学，常修禅观。偶因左溪玄朗之激励，遂起游方之志，与东阳玄策共游方寻道。至韶阳时，谒曹溪惠能，与惠能相问答而得其印可，惠能留之一宿，翌日即归龙兴寺，时人称之"一宿觉"。其后，学者辐凑，号真觉大师。玄朗赠书招之山栖，师复书辞退。后跌坐入寂，世寿四十九。法嗣有惠操、惠特、等持、玄寂等人。著作有《禅宗永嘉集》十卷（庆州刺史魏靖辑）、《证道歌》一首、《禅宗悟修圆旨》一卷等。

②天台止观法门：天台，即天台宗，乃中国佛教宗派之一。因注重《法华经》，所以也称"法华宗"。天台宗主张"定"（止）、"慧"（观）为修行的主要内容，所以用"止观法门"概括天台宗的理论和实践。

③威音王：又作"寂趣音王佛"。乃过去庄严劫最初之佛名。"威音王已前"为禅宗僧人常用语，用以指点学人自己本来面目之语句，意同"父母未生以前"、"天地未开以前"等语。盖威音王佛乃过去庄严劫最初的佛名，故以之表示无量无边的久远之前。

④沙门：意译为"勤息"、"勤劳"、"功劳"、"勤恳"、"静志"、"息止"、"息心"、"息恶"、"修道"、"乏道"、"贫道"等，即勤修佛道和息诸烦恼的意思，为出家修道者的通称，即指剃除须发，止息诸恶不善，调御身心，勤修诸善，以期证得涅槃境界。

⑤三千威仪，八万细行：为佛弟子持守日常威仪的做法。僧人的动作有威德有仪则，称为"威仪"；戒律之外的各种微细的仪则规定，称为"细行"。"三千"、"八万"喻数量之多，并非实数。综合而言，"三千威仪，八万细行"指有关比丘行、住、坐、卧"四威仪"中，所应注意的细行。

⑥大德：印度对佛菩萨或高僧的敬称。比丘中之长老，也称"大德"。中国，不以"大德"一词称佛菩萨，而作为对高僧的敬称。

译文：

永嘉玄觉禅师，温州戴氏的儿子，小时候学习经论，精通天台宗的止观教义。因为看了《维摩经》,认识了自心本性。偶然,惠能大师的弟子玄策来访,和他大谈佛理,永嘉玄觉所说的话都与佛祖的真义隐隐相合。

玄策说:"你师从何人而得法?"

永嘉玄觉说:"我听大乘经典,都各有师承关系。后来在读《维摩经》时,开悟佛心宗,还没有得到人印证我的见解。"

玄策说:"在威音王佛以前,无师自通是可以的,在威音王佛之后,没有师承传授而自我开悟,自然全部是外道。"

永嘉玄觉说:"希望你能为我印证。"

玄策说:"我人微言轻,不足以为你印证。曹溪山有六祖惠能大师,四面八方的人都云集在他那里,并且都是受得正法的。你如果想去,我就和你同行。"

永嘉玄觉便随同玄策来参礼六祖惠能大师。玄觉绕着惠能走了三圈,举着锡杖一振,站在那里不动。

惠能大师说:"出家人,应该具有三千威仪、八万细行等种种戒律仪轨。大德你是从哪里来,对我生起如此大的傲慢和不敬?"

玄觉说:"人的生死才是大事,且无常交替迅速,变化很快。"

惠能大师说:"为什么不体悟领受无生无死,明了这无常迅速的道理呢?"

玄觉说:"体悟的就是无生无死,明了的就是无常迅速。"

惠能说:"是这样!是这样!"

玄觉这才整肃仪容向惠能大师礼敬参拜,一会儿便向大师告辞欲走。

惠能大师说:"你这就返回,太快了吧?"

玄觉说:"本来就没有动与不动,哪里有快和不快?"

惠能大师说:"谁能知道不是动呢?"

玄觉说:"这是您自己生起了分别之心。"

惠能大师说:"你已经十分了解无生无死的道理了。"

玄觉说:"无生无死难道还有意义吗?"

惠能大师说:"没有意义谁能分别它呢?"

玄觉说:"分别本身也没有意义。"

惠能大师说:"好啊!小住一晚吧。"

当时称之为"一宿觉"。后来永嘉玄觉作了《证道歌》,流传盛行于世间。

禅者智隍,初参五祖,自谓已得正受①。庵居长坐②,积二十年。师弟子玄策,游方至河朔,闻隍之名,造庵问云:"汝在此作什么?"

隍曰:"入定③。"

策云:"汝云入定,为有心入耶,无心入耶?若无心入者,一切无情草木瓦石,应合得定;若有心入者,一切有情含识之流,亦应得定。"

隍曰:"我正入定时,不见有有无之心。"

策云:"不见有有无之心,即是常定,何有出入?若有出入,即非大定④!"

隍无对。良久,问曰:"师嗣谁耶?"

策云:"我师曹溪六祖。"

隍云:"六祖以何为禅定?"

策云:"我师所说,妙湛圆寂,体用如如⑤,五阴本空⑥,六尘非有⑦。不出不入,不定不乱。禅性无住,离住禅寂。禅性无生,离生禅想。心如虚空,亦无虚空之量。"

隍闻是说,径来谒师。

师问云:"仁者何来?"

隍具述前缘。

师云:"诚如所言,汝但心如虚空,不著空见,应用无碍,动静无心,凡圣情忘,能所俱泯⑧,性相如如⑨,无不定时也。"

隍于是大悟,二十年所得心,都无影响。其夜河北士庶闻空中有声云:"隍禅师今日得道!"隍后礼辞,复归河北,开化四众⑩。

注释:

①正受:是"禅定"的异名。正,即定心而离邪念。受,指无念无想而纳法在心。因此正受即远离邪想而领受所缘之境的状态。即入定时,以定力使身、心领受平等安和之相。

②庵:以草木覆盖而成之简陋小屋。乃出家者、退隐者远离村落所居之房舍,以作为修行之处。

③入定:入于禅定的意思,即摄驰散之心,入安定不动之精神状态。有时得道者的示寂,也称为"入定"。这里指前者。

④大定：为佛的三德（大定、大智、大悲）之一，佛心澄明寂静叫做"大定"。以大定可断除一切妄惑，故又称"大定"为"断德"。这里可以被看成是禅宗的禅定理论。

⑤体用：指诸法之体性与作用。

⑥五阴：与"五蕴"同。

⑦六尘：指色尘、声尘、香尘、味尘、触尘、法尘等六境，又作"外尘"、"六贼"。尘即染污的意思，以"六识"缘"六境"而遍污"六根"，能昏昧真性，故称为"尘"。此"六尘"在心之外，故称"外尘"。此"六尘"犹如盗贼，能劫夺一切之善法，故称"六贼"。

⑧能所：即"能"与"所"的并称。自动之法（主体）叫做"能"，被动之法（客体）叫做"所"。例如能见物的"眼"，称为"能见"；为眼所见的"物"，称为"所见"。又譬如"六根"对"六尘"，"六根"是"能缘"，"六尘"为"所缘"。总之，"能"与"所"具有相即不离与体用因果的关系，故称"能""所"一体。

⑨性相如如：指体性与相状。不变而绝对的真实本体，或事物的自体称为"性"；差别变化的现象和相状称为"相"。性与相其实无异，仅名称有别。说性即说相，说相即说性。如说火性即说热相，说热相即说火性。如如，是不动、寂默、平等不二、不起颠倒分别的自性境界。如理智所证得的真如叫作"如如"。

⑩四众：指构成佛教教团的四种弟子众，又称"四辈"、"四部众"、"四部弟子"。有两种含义：其一指出家之四众，即比丘、比丘尼、沙弥、沙弥尼。其二指僧俗四众，即比丘、比丘尼、优婆塞、优婆夷。

译文:

智隍禅师,最初参拜五祖弘忍,自己宣称已经得到了正宗传授。智隍居住在庵室里长期打坐,累计二十年了。惠能大师的弟子玄策,游历到河北一带,听说了智隍的名声,便造访智隍的庵室,问:"你在这里干什么?"

智隍回答说:"入定。"

玄策问:"你说入定,是有心念入定呢,还是无心念入定呢?如果是无心念入定的,一切的草木瓦石无情众生,应该都能达到入定;如果是有心念入定的,一切含有意识的有情众生之类,也应该能达到入定。"

智隍说:"当我真正入定时,看不到我有'有无'的心念。"

玄策说:"看不到'有无'的心念,就是常定,怎么又有出入之分呢?如果有出有入,那就不是真正的定了!"

智隍无言以对。过了很久,问玄策:"你师承的是谁啊?"

玄策说:"我的师父是曹溪山六祖惠能大师。"

智隍问:"六祖惠能大师认为什么是禅定?"

玄策说:"我师父说,法身圆融玄妙湛然常寂,性相体用一如,五蕴和合,本来是空,六尘也不是真实存在。既不出,也不入,不执于定,不生散乱心。禅的本性是不执无滞的,要住禅寂。禅性无生,要超离执著禅的念想。心如同虚空一样,不存在对虚空的度量。"

智隍听到这样说法,直接来拜谒六祖惠能大师。

惠能大师问:"你从哪里来?"

智隍把遇到玄策的因缘全部描述了一遍。

惠能大师说："正像玄策说的那样,你只要心如虚空一般,又不执著于对空的妄见,自如应用,没有滞碍,对于动静,不生其心,世俗和圣境全部两忘,主观和客观对象能够一齐泯绝,性相如一,就无时无刻不在禅定之中,没有不禅定的时刻了。"

　　智隍于是大彻大悟,二十年修行所得的执著之心,刹那间都没有留下影响。那天夜里黄河以北的官吏和百姓都听到空中有声音说:"智隍禅师今天得成佛道了!"智隍后来礼敬告辞,又回到了黄河以北,开示教化大众。

　　一僧问师云:"黄梅意旨^①,甚么人得?"

　　师云:"会佛法人得。"

　　僧云:"和尚还得否?"

　　师云:"我不会佛法^②。"

　　师一日欲濯所授之衣,而无美泉。因至寺后五里许,见山林郁茂,瑞气盘旋,师振锡卓地,泉应手而出。积以为池,乃跪膝浣衣石上。忽有一僧来礼拜,云:"方辩是西蜀人。昨于南天竺国,见达磨大师,嘱方辩速往唐土:吾传大迦叶正法眼藏^③,及僧伽梨^④,见传六代,于韶州曹溪,汝去瞻礼。方辩远来,愿见我师传来衣钵。"

　　师乃出示。次问:"上人攻何事业?"

　　曰:"善塑。"

　　师正色曰:"汝试塑看。"

辩罔措。过数日,塑就真相,可高七寸,曲尽其妙。

师笑曰:"汝只解塑性,不解佛性。"

师舒手摩方辩顶。曰:"永为人天福田。"

有僧举卧轮禅师偈曰[5]:

卧轮有伎俩,能断百思想。

对境心不起,菩提日日长。

师闻之,曰:"此偈未明心地。若依而行之,是加系缚。"

因示一偈曰:

惠能没伎俩,不断百思想;

对境心数起,菩提作么长?

注释:

①黄梅意旨:这里指五祖弘忍的教法。

②我不会佛法:这一句话强调禅宗自证自悟,主张徒弟不能从老师那里获得什么现成的东西。

③大迦叶:是"摩诃迦叶波"的简称,佛十大弟子之一,有"头陀第一"、"上行第一"等称号。大迦叶是王舍城摩诃娑陀罗村人,大富婆罗门尼拘卢陀羯波之子。以诞生于毕钵罗树下,故取名"毕钵罗耶那";又因出自大迦叶种,而称"大迦叶"。出家不久后,遇见佛陀,蒙受教化。八日后,发正智,脱却自身僧伽梨以奉佛,并穿着佛陀所授之粪扫衣,证得阿罗汉果。大迦叶在俗时,以富裕闻名,然于出家后,少欲知足,常行头陀行。又,古

来以大迦叶为付法藏第一祖,尤以"拈花微笑"的故事,为禅家所传颂,并据此尊大迦叶为禅宗天竺初祖。正法眼藏:亦名"清净法眼"。"正法眼"指佛的心眼彻见正法;"藏"的意思为深广而万德含藏。禅宗用正法眼藏来称其教外别传的心印。

④僧伽梨:为"三衣"之一。即九条以上的衣服。因必须割截后才能制成,所以称为"重衣"、"复衣"、"重复衣"。又因其条数多,所以称为"杂碎衣"。一般是在外出及其他庄严仪式时穿,如入王宫、聚落、乞食,及升座说法、降伏外道等时候穿,故称"入王宫聚落衣"。又以其为诸衣中最大者,故称"大衣"。

⑤卧轮禅师:此禅师事迹不详。

译文:

有一个僧人问惠能大师:"黄梅五祖弘忍大师的衣钵,什么人得到了?"

惠能大师说:"领会佛法的人得到了。"

僧人问:"大师您得到了吗?"

惠能大师说:"我不明白佛法。"

有一天,惠能大师想洗涤一下五祖弘忍大师所传的袈裟,可是周围没有上好的清泉。因此大师来到寺庙后面五里远的地方,看到这里山林葱郁茂密,有祥瑞之气笼罩盘旋,惠能大师举起锡杖在地上一戳。泉水立刻涌了出来。积成了一个水池,惠能大师便跪在石头上洗着袈裟。忽然有一个僧人来礼敬参拜,说:"我方辩是西蜀人。昨天在南天竺国,见到达磨大师,他嘱咐我赶快到唐国来,达磨大师说他所传大迦叶的真正教法及法衣,现在传到第六代祖,目前在韶州曹溪山,你去瞻仰礼拜他。方辩我远道而来,希望能得见达磨祖师所传之袈裟。"

惠能大师取出袈裟展示给他看。随后问:"你擅长什么事呢?"

方辩说:"擅长雕塑。"

惠能严肃地说:"你试着雕给我看看。"

方辩一时迷惘无措。过了几天,雕好了一尊佛像,高七寸,曲尽其妙,十分逼真。

惠能大师笑着说:"你只理解了雕塑之特性,不理解佛性。"

惠能大师用手抚摩方辩的头顶说:"希望你生生世世都成为人天种福之田。"

有一个僧人展示了卧轮禅师的一首偈:

　　　卧轮有伎俩,能断百思想。

　　　对境心不起,菩提日日长。

惠能大师听了说:"这个偈还没有明见自性。如果按照这个偈来修行,是更增加了束缚。"

因此开示了一个偈,说:

　　　惠能没伎俩,不断百思想;

　　　对境心数起,菩提作么长?

顿渐品第八

　　本品讲述了神秀、惠能两宗分别于曹溪、荆南盛化,世称为
南能北秀,于是有了南北二宗顿渐之分。两位宗主虽然不分彼
此,但弟子们却起了爱憎之心,北宗神秀与南宗惠能门下徒众生
起分歧争议。北宗门徒志诚潜来听法,为惠能察觉,针对北宗
"住心观净,长坐不卧"长期打坐的禅法,惠能批判了北宗禅的弊
病,认为常坐拘身,于理无益,后向志诚开示南宗禅法,使之当下
契悟,并教示戒定慧行相,认为戒定慧为自我本性先天具有。接
着交代了北宗门人托志彻前来行刺六祖惠能,而为大师教化开悟
一事。还有神会前来参礼,由开始的逞能自傲到后来对六祖礼
拜悔谢的事由。

　　时,祖师居曹溪宝林,神秀大师在荆南玉泉寺①。
于时两宗盛化,人皆称南能北秀,故有南北二宗顿渐
之分。而学者莫知宗趣。师谓众曰:"法本一宗,人有
南北;法即一种,见有迟疾。何名顿渐?法无顿渐,人
有利钝,故名顿渐。"

　　然秀之徒众,往往讥南宗祖师:"不识一字,有何
所长?"

　　秀曰:"他得无师之智②,深悟上乘,吾不如也。且
吾师五祖,亲传衣法,岂徒然哉?吾恨不能远去亲近,

虚受国恩。汝等诸人毋滞于此,可往曹溪参决。"一日,命门人志诚曰③:"汝聪明多智,可为吾到曹溪听法。若有所闻,尽心记取,还为吾说。"

志诚禀命至曹溪,随众参请,不言来处。时祖师告众曰:"今有盗法之人,潜在此会。"志诚即出礼拜,具陈其事。师曰:"汝从玉泉来,应是细作④。"

对曰:"不是。"

师曰:"何得不是?"

对曰:"未说即是,说了不是。"

师曰:"汝师若为示众?"

对曰:"常指诲大众,住心观静,长坐不卧。"

师曰:"住心观静,是病非禅。长坐拘身,于理何益?听吾偈。"曰:

　　　　生来坐不卧,死去卧不坐;

　　　　一具臭骨头,何为立功课⑤?

注释:

①荆南玉泉寺:古本作"荆南当阳山玉泉寺"。《景德传灯录》作"荆州当阳山度门寺"。

②无师之智:无师而独自觉悟的佛智,指非借他力,不待他人教而自然成就之智慧。如佛所证得之智慧,非由师教或外力而得;又如缘觉(独觉)圣者,观诸法因缘生灭,不待师教而证成觉智。

③志诚：即志诚禅师，吉州太和人。年少时于荆南当阳山玉泉寺事奉神秀禅师。

④细作：奸细，间谍。

⑤"一具"两句：人应当明心见性、一觉悟即证得佛地，不需要在臭皮囊上强下功夫，而执著于禅坐形式，长时间不躺卧地约束身体坐禅而不卧。

译文：

那时，惠能大师在曹溪山宝林寺，神秀大师在荆南玉泉寺。故而当时两大宗派兴盛教化，被人们称为"南能北秀"，有南宗北宗、顿教渐教的分别。然而学道修禅的人们并不知道他们的宗义和旨趣。惠能大师对众人说："佛法本是一种宗义，因为传法之人有南北，才有了南宗北宗的区分；佛法就是一种，只是识见悟性有快有慢，才有了顿悟渐悟的区分。什么叫顿悟渐悟？佛法本身没有顿悟渐悟之分，人的根器有敏锐和愚钝才有顿悟渐悟之分，所以称之为顿渐。"

然而神秀大师的弟子门人，往往讥讽南宗六祖惠能大师："不识一个字，能有什么过人之处呢？"

神秀大师说："惠能得到了不需要师父传授而自悟自通的智慧，深入见悟最上乘智慧，我比不上他。并且我师父五祖弘忍大师亲自传授衣钵和教法给他，难道是白费气力的吗？我只恨不能远道去与他多交流，在这里白白地受领国家对我的恩宠。你们不要总是滞留在我的身边，可以前往曹溪山参访学习。"神秀大师这天对弟子志诚说："你聪明而且智慧多多，可以为我去曹溪山听惠能大师的教法。如果听到什么,尽力地记住,回来再告诉我。"

志诚奉命来到曹溪山,跟随着大众向惠能大师参学请益,没有说明自己是从哪里来的。当时,惠能大师向大众宣告说:"今天有偷听教法的人,潜藏在这里。"志诚立刻出来礼敬参拜,全部陈述了来这里的因由。惠能大师说:"你从玉泉寺来,那就是奸细了。"

志诚说:"我不是。"

惠能大师说:"何以见得你不是?"

志诚说:"我没有说明来意可以说是奸细,表明来意就不能算是了。"

惠能大师说:"你师父神秀大师是如何开示大众的?"

志诚说:"师父常常指授教诲大众守住本心,观想清净,长期静坐,不要睡觉。"

惠能大师说:"住心观静,这是错误的,这不是修禅。常期静坐,拘束身体,对参悟佛法真意并没有什么帮助。听我的偈吧。"偈说:

> 生来坐不卧,死去卧不坐;
>
> 一具臭骨头,何为立功课?

志诚再拜曰:"弟子在秀大师处,学道九年,不得契悟①。今闻和尚一说,便契本心。弟子生死事大,和尚大慈,更为教示。"

师云:"吾闻汝师教示学人戒定慧法,未审汝师说戒定慧行相如何^②？与吾说看。"

诚曰："秀大师说：诸恶莫作名为戒，诸善奉行名为慧，自净其意名为定。彼说如此，未审和尚以何法诲人？"

师曰："吾若言有法与人，即为诳汝。但且随方解缚，假名三昧。如汝师所说戒定慧，实不可思议；吾所见戒定慧又别。"

志诚曰："戒定慧只合一种，如何更别？"

师曰："汝师戒定慧接大乘人，吾戒定慧接最上乘人，悟解不同，见有迟疾。汝听吾说，与彼同否？吾所说法，不离自性。离体说法，名为相说^③，自性常迷。须知一切万法，皆从自性起用，是真戒定慧法。听吾偈。"曰：

> 心地无非自性戒，
> 心地无痴自性慧，
> 心地无乱自性定，
> 不增不减自金刚，
> 身去身来本三昧。

诚闻偈，悔谢，乃呈一偈曰：

> 五蕴幻身，幻何究竟？
> 回趣真如，法还不净。

师然之。复语诚曰："汝师戒定慧，劝小根智人；吾戒定慧，劝大根智人。若悟自性，亦不立菩提涅槃，亦不立解脱知见；无一法可得，方能建立万法。若解此意，亦名佛身，亦名菩提涅槃，亦名解脱知见。见性之人，立亦得，不立亦得。去来自由，无滞无碍。应用随作，应语随答，普见化身，不离自性，即得自在神通④，游戏三昧⑤，是名见性。"

志诚再启师曰："如何是不立义？"

师曰："自性无非、无痴、无乱，念念般若观照，常离法相，自由自在，纵横尽得，有何可立？自性自悟，顿悟顿修，亦无渐次，所以不立一切法。诸法寂灭，有何次第？"

志诚礼拜，愿为执侍，朝夕不懈。

注释：

①契悟：与本心契合而开悟，对本心的认识和体验。

②戒定慧行相：行相原指行事的相状，即一切心在认识对象时的状态。这里可以简单地解释为"具体内容"，即戒定慧的具体内容。

③相说：即执著于虚幻不实的现象的讲说，不是具有真理性的讲说。是一种住相之谈。

④神通：神为"不测"的意思，通为"无碍"的意思。不可测又无碍的力量，即所谓的"神通"或"通力"。一般讲神通有神足通、天眼通、天耳通、他心通、宿命通、漏尽通六种。

⑤游戏三昧：佛菩萨游于神通，化人以自娱乐，叫做"游

戏"。"三昧"乃"三摩地"的意思,为"禅定"的异称,即将心
专注于一境。游戏三昧者,犹如无心之游戏,心无牵挂,任运自
如,得法自在。即言获得空无所得者,进退自由自在,毫无拘束。

译文:

志诚两次礼拜惠能大师说:"弟子我在神秀大师那里,参
学已有九年,没有得到契证开悟。今天听大师您这么一说,就
契合了本心。弟子认为解脱生死是件大事,希望大师慈悲为
怀,再给我一些教化开示。"

惠能大师说:"我听说你师父教授开示弟子戒定慧法,不
清楚你师父是如何说戒定慧的相状的? 你给我说说看。"

志诚说:"神秀大师说,一切恶行不要造作叫做戒,一切善
念全都奉行叫做慧,自己清净意念叫做定。神秀大师是那样
说的,不清楚大师您用什么教法教诲大众?"

惠能大师说:"我如果说有教法给你,那就是骗你。只是
根据不同情况,方便说法,解除束缚,借用修行三昧的假名。像
你师父说的戒定慧,实在是不可思议;我所认识的戒定慧和他
不同。"

志诚说:"戒定慧只应该有一种,怎么还有分别?"

惠能大师说:"你师父的戒定慧接引大乘根器的人,我的
戒定慧接引上乘根器的人,领悟理解不尽相同,识见自我心性
有快有慢。你听我说的和他说的相同吗? 我所说的教法,不离
开自我本性。离开自性本体说法,叫做执著相状上说法,自己
的心念常常愚迷。要知道一切事物和现象,都从自性中生起运

用，这是真正的戒定慧法。听我的偈吧。"偈所说：

　　　心地无非自性戒，

　　　心地无痴自性慧，

　　　心地无乱自性定，

　　　不增不减自金刚，

　　　身去身来本三昧。

　志诚听了偈以后悔悟拜谢，便呈上一个偈说道：

　　　五蕴幻身，幻何究竟？

　　　回趣真如，法还不净。

　惠能大师称许肯定。又告诉志诚说："你师父所说的戒定慧，是劝诫小根器的人；我所说的戒定慧，是劝诫大根器的人。如果开悟了自我本性，也就不用再立菩提涅槃，也不用立对解脱的认识和见解；没有一个法可以得，才能建立一切法。如果理解了这个本意，就叫做佛，也叫做菩提涅槃，也叫做解脱知见。识见本性的人，立这些名也能得法，不立这些名也能得法。去来自由，没有滞留、没有妨碍。应用自如，随缘运作，根据语言随机答对，全部识见一切化身而又不离自我本性，这就得到随缘变化、自在无碍的神通，到达了游戏三昧的境界，叫做识见本性。"

　志诚再次拜谢大师并禀告说："什么是不立之义？"

　大师说："自我本性没有是非、没有愚痴、没有散乱，时时运用智慧观照，常常超离法相，自由自在，或纵或横全部都有所得，有什么佛法可以立呢？自己开悟自我本性，顿悟顿修，也没有渐次顺序，所以不需要立任何佛法。一切法都寂灭了，还有什么次第顺序呢?"

志诚礼拜惠能大师,愿意侍奉大师,早晚不停歇。

僧志彻,江西人,本姓张,名行昌,少任侠。自南北分化,二宗主虽亡彼我,而徒侣竞起爱憎。时北宗门人,自立秀师为第六祖,而忌祖师传衣为天下闻,乃嘱行昌来刺师。

师心通,预知其事,即置金十两于座间。时夜暮,行昌入祖室,将欲加害。师舒颈就之,行昌挥刃者三,悉无所损。

师曰:"正剑不邪,邪剑不正,只负汝金,不负汝命。"

行昌惊仆,久而方苏,求哀悔过,即愿出家。师遂与金,言:"汝且去,恐徒众翻害于汝。汝可他日易形而来,吾当摄受①。"行昌禀旨宵遁,后投僧出家,具戒精进②。

一日,忆师之言,远来礼觐。师曰:"吾久念汝,汝来何晚?"

曰:"昨蒙和尚舍罪,今虽出家苦行,终难报德,其惟传法度生乎!弟子常览《涅槃经》,未晓常无常义③,乞和尚慈悲,略为解说。"

师曰:"无常者,即佛性也;有常者,即一切善恶诸法分别心也。"

曰:"和尚所说,大违经文。"

师曰:"吾传佛心印,安敢违于佛经?"

曰:"经说佛性是常,和尚却言无常;善恶之法乃至菩提心,皆是无常,和尚却言是常,此即相违,令学人转加疑惑。"

师曰:"《涅槃经》,吾昔听尼无尽藏读诵一遍,便为讲说,无一字一义不合经文。乃至为汝,终无二说。"

曰:"学人识量浅昧,愿和尚委曲开示。"

师曰:"汝知否?佛性若常,更说什么善恶诸法、乃至穷劫无有一人发菩提心者?故吾说无常,正是佛说真常之道也。又,一切诸法若无常者,即物物皆有自性,容受生死,而真常性有不遍之处。故吾说常者,正是佛说真无常义。佛比为凡夫外道执于邪常,诸二乘人于常计无常,共成八倒④。故于涅槃了义教中⑤,破彼偏见,而显说真常真乐真我真净。汝今依言背义,以断灭无常,及确定死常,而错解佛之圆妙最后微言,纵览千遍,有何所益?"

行昌忽然大悟,说偈曰:

> 因守无常心,佛说有常性;
>
> 不知方便者,犹春池拾砾。
>
> 我今不施功,佛性而现前;
>
> 非师相授与,我亦无所得。

师曰:"汝今彻也,宜名志彻。"

彻礼谢而退。

注释：

①摄受：又叫做"摄取"，原指以慈悲心去摄取众生。这里是说愿意度化并接受志彻为徒。

②具戒：谓比丘、比丘尼之具足戒也，指比丘、比丘尼所应受持之戒律，比丘二百五十戒，比丘尼五百戒。因与沙弥、沙弥尼所受十戒相比，戒品具足，故称"具足戒"。依戒法规定，受持具足戒即正式取得比丘、比丘尼之资格。

③常无常：世间一切之法，生灭迁流，刹那不住，谓之"无常"；反之则谓之"常"，即指永恒不变，真实不虚假。在此处的对话中，行昌所讲的是《涅槃经》的经文，而惠能则是依据禅宗教义对《涅槃经》重新解释。

④八倒：指凡夫所迷执的八种颠倒的错误见解。对生死的无常、无乐、无我、无净，执定为常、乐、我、净者，是凡夫的"四倒"；对涅槃的常、乐、我、净，执定为无常、无乐、无我、无净，是二乘人的"四倒"。这两种"四倒"合起来就是"八倒"。

⑤了义教："了义"指直接、完全显了述尽佛法道理，而"不了义"则指教法之未能如实诠显理趣之方便说。二者合称为"二义"。了义教，即指如实诠显全部理趣之教法，如诸大乘经说生死、涅槃无异者。

译文：

僧人志彻，江西人，原来姓张，名字叫行昌，少年时候喜好行侠仗义。自从南宗北宗产生分化之后,两派宗主神秀大师和惠能大师虽然不分彼此、没有争胜,然而他们的弟子徒众却竞相生起爱憎之心。当时,北宗弟子们,自封神秀大师为禅宗第六代祖师,又忌讳天下人都知道的惠能大师得传衣钵之事,便嘱咐行昌来行刺惠能大师。

惠能大师事先预测到了这件事,便放了十两黄金在座位上。那天天黑了,行昌潜入惠能大师的房间,准备加害大师。大师伸出脖子给他砍,行昌砍了三刀,都一点没有损伤到惠能大师。

大师说:"正义之剑不会邪恶,邪恶之剑不能正义,我只该给你金钱,不欠你性命。"

行昌惊恐万状,扑倒在地,很久才苏醒过来,哀求能够悔过自新,当即愿意出家为僧。大师便给了他金钱,说:"你暂时先去,我担心我的弟子们反过来要加害你。你可以在其他时间乔装打扮再来,我自当接受你为徒。"行昌领受大师旨意连夜离开。后来投奔僧人剃度出家,接受戒规,精进修行。

有一天,想起了惠能大师的话,远道而来拜见大师。大师说:"我念叨你很久了,你为什么这么晚才来?"

行昌说:"上次承蒙大师饶恕我的罪过。现在我虽然出家苦苦修行,终究难以报答大恩大德,唯有随您传法度众生。弟子我常常阅览《涅槃经》,不明白常、无常的教义。恳请大师慈悲,简单为我解说。"

大师说:"无常,就是佛性;常,就是对一切善恶法的分别心。"

行昌说："大师，你说的与经文大相径庭。"

惠能大师说："我传授佛法心印，怎么敢违背佛经呢？"

行昌说："经文上说佛性是常，大师您却说佛性是无常；一切善恶事物，甚至无上觉悟，都是无常，大师您却说是常，这不是与经文相背吗？这使得我更加增添了疑惑。"

大师说："《涅槃经》，我曾经听尼姑无尽藏比丘尼念诵过，我给她讲说经文大义，没有一点不符合佛经的。刚才给你讲的，也是同样的道理，不会有别的说法。"

行昌说："我见识浅薄，希望师父开示。"

惠能大师说："你知道吗？如果佛性是常，为什么还要说善恶诸法，以至于还说从来没有人发菩提觉悟之心？所以我说佛性无常，是说佛性真实常在。还有，如果说一切事物无常，是说万事万物都有自己的体性，用以承受生死，而真实存在的佛性也有不能遍及的地方。所以我说的常，正是佛说的无常。佛知道世俗人和外道将无常看作真实存在，而声闻和缘觉二乘人，把佛性看作无常。所以出现了常、乐、我、净、非常、非乐、非我、非净八种颠倒妄想见。《涅槃经》的教义是破斥这些断见，指出什么是真常、真乐、真我、真净四德。你依据经文文字却违背经文经义，以有断灭的现象为无常，而以确定僵死为常，错误地理解佛陀最后开示的妙谛。这样纵使念经千遍，又有何用？"

行昌豁然开悟，说了偈子：

因守无常心，佛说有常性；

不知方便者，犹春池拾砾。

我今不施功，佛性而现前；

非师相授与，我亦无所得。

惠能大师说："你现在彻底开悟了，你就改名叫志彻吧。"

志彻行礼致谢后便退下。

有一童子，名神会①，襄阳高氏子。年十三，自玉泉来参礼。

师曰："知识远来艰辛，还将得本来否？若有本则合识主，试说看！"

会曰："以无住为本，见即是主。"

师曰："这沙弥争合取次语②！"

会乃问曰："和尚坐禅，还见不见？"

师以柱杖打三下，云："吾打汝痛不痛？"

对曰："亦痛亦不痛。"

师曰："吾亦见亦不见。"

神会问："如何是亦见亦不见？"

师云："吾之所见，常见自心过愆，不见他人是非好恶，是以亦见亦不见。汝言亦痛亦不痛如何？汝若不痛，同其木石；若痛，则同凡夫，即起恚恨。汝向前见、不见是二边，痛、不痛是生灭。汝自性且不见，敢尔弄人？"

神会礼拜悔谢。

师又曰："汝若心迷不见，问善知识觅路。汝若心悟，即自见性，依法修行。汝自迷不见自心，却来问吾见与不见。吾见自知，岂代汝迷？汝若自见，亦不代吾迷。何不自知自见，乃问吾见与不见？"

神会再礼百余拜，求谢过愆，服勤给侍，不离左右。

一日，师告众曰："吾有一物，无头无尾，无名无字，无背无面，诸人还识否？"

神会出曰："是诸佛之本源，神会之佛性。"

师曰："向汝道无名无字，汝便唤作本源佛性。汝向去有把茆盖头③，也只成个知解宗徒④。"

祖师灭后，会入京洛，大弘曹溪顿教，著《显宗记》⑤，盛行于世，是为荷泽禅师。

师见诸宗难问，咸起恶心，多集座下，愍而谓曰："学道之人，一切善念恶念，应当尽除。无名可名，名于自性；无二之性，是名实性。于实性上建立一切教门，言下便须自见。"诸人闻说，总皆作礼，请事为师。

注释：

①神会：在早期禅宗史上，神会（668—760）是位举足轻重的人物，为荷泽宗之祖。襄阳人，俗姓高。年幼时学习五经、老庄、诸史，后来投国昌寺颢元出家。十三岁时，参谒六祖惠能。惠能示寂后，参访四方，跋涉千里。开元二十年（732）设无遮大会于河南滑台大云寺，与山东崇远论战。竭力攻击神秀一门，确立南宗惠能系之正统传承与宗旨。并于天宝四年（745）著《显宗记》，定南惠能为顿宗，北神秀为渐教，"南顿北渐"之名由是

而起。神会示寂于上元元年（760），世寿九十三，敕谥"真宗大师"。

②沙弥：指佛教僧团中，已受十戒，未受具足戒，年龄在七岁以上、未满二十岁之出家男子。意译为"息慈"，即息恶和行慈的意思；又译作"勤策"，即为大僧勤加策励的对象。沙弥有三类：七至十三岁，名"驱乌沙弥"，谓其只能驱逐乌鸟。十四至十九岁，名"应法沙弥"，谓正合沙弥的地位。二十至七十岁，名"名字沙弥"，谓在此年龄内，本来应居比丘位，但以缘未及，故尚称"沙弥"的名字。

③向去有把茆（huì）盖头：向去，即从偏位向于正位，而从正位向于偏位叫作却来。茆，即茅草，把茆盖头就是取茅草建草庵以作栖身处。

④知解宗徒：指通过文字来修行的人，即以学习和理解经典文字为修行的僧人。

⑤《显宗记》：全称《荷泽大师显宗记》，全一卷，唐代荷泽神会著，收于《景德传灯录》卷三十。据传本书是作者在天宝四年（745），于滑台为北宗禅者攻击时所著，主要叙述南宗顿悟之旨，并论述传衣在禅宗传承中的重要性。全篇只有六百六十字。内容大体以《金刚般若经》之"般若空智、应无所住而生其心"为立足点，并承继僧肇之《般若无知论》、《涅槃无名论》，以及六祖惠能《法宝坛经》中《定慧品第四》之思想。

译文：

有一个童子，名叫神会，襄阳高家的子弟。十三岁时，从神秀主持的玉泉寺来到曹溪山向惠能大师致礼。

惠能大师说："善知识远道而来，辛苦非常，还能识见事物的本来面目吗？如果认识事物的本来面目，就应该识见本体，你先说说看。"

神会说："事物的本来面目无所住，永远不会静止，认识本身就是主体。"

惠能大师说："这个小师父怎么说话如此轻率！"

神会说："大师你坐禅，识见佛性了吗？"

惠能大师用禅杖打了神会三下子，问："我打你，痛还是不痛？"

神会说："也痛也不痛。"

惠能大师说："那我见了，也没有见。"

神会问："什么叫做也见了，也没见？"

惠能大师说："我说见是说常见自己的过错，不见他人的是非好恶，这是说见到了，也没见到。那你说也痛也不痛是什么意思？你如果不痛，你就和草木瓦石一样没有知觉；你如果说痛，那你就和凡夫俗子一样，会生起怨恨之心。见与不见是两种偏见，痛和不痛是可以生灭的有为法。你还没识见本心，怎敢捉弄他人？"

神会礼拜表示悔过。

惠能大师又说："如果心念愚迷，不能识见本性，就必须找善知识教示。如果心念开悟，识见自性，就依此修行。现在你自己迷误，不能认识真心，反来问我是否识见佛性。我是否识见佛心，我自己心知肚明，难道这能代替你不迷误？反之亦然，你如果能够识见自性也代替不了我的迷误。为何不去自我识见、自我认识，却在这里问我有没有识见佛性？"

神会再次向惠能大师致礼多达一百多次，请求饶恕，并勤勉地做杂务和服侍大师，不离大师身边。

有一天，惠能大师告诉大家："我有一样东西，没头没尾，没名没字，没背面，没正面，大家知道是什么吗？"

神会起立说道："是一切佛的本源，是神会的佛性。"

大师说："对你说了没名没字，你却还要把他叫做本源佛性。你以后即便当了住持，也只能成为一个知解宗徒。"

惠能大师圆寂后，神会到了京师长安与洛阳，大力弘扬惠能大师的顿教法门，著有《显宗记》，盛行于世，这就是著名的荷泽禅师。

惠能大师看到各宗派之间互相为难指责，弟子们都生起邪恶之心，所以经常召集门人弟子，宽厚怜悯地对大家说："修行佛道的人，一切善念、恶念，都应该全部除掉。没有什么名相可以指称自我本性；独具无二、没有分别的自性叫做实性。在实性的基础上建立一切教派法门，都必须立刻就能自我识见。"所有人听了，全都行礼，请求惠能大师教化指授他们。

护法品第九

　　本品记叙了武则天、唐中宗派遣内侍薛简拟请六祖惠能大师至宫中供养，大师以老疾上表托辞的事由。其后，应薛简的请求，大师予以开示，为他辨析了北宗所一味强调的坐禅之弊病，认为"道由心悟，岂在坐也"，指明诸法空寂、无生无灭，获得佛法的真正途径还在于自性体悟，进而指出"烦恼即菩提"，表明即世间求解脱、不离生死证涅槃的思想主旨。昭示世人立足当下，肯定人生。这对后来近代"人间佛教"具有很深远的内在指导意义。最后交代了薛简表奏、朝廷奖谕的事宜。

　　神龙元年上元日①，则天中宗诏云②："朕请安秀二师③，宫中供养。万机之暇，每究一乘④。二师推让云：'南方有能禅师，密授忍大师衣法，传佛心印，可请彼问。'今遣内侍薛简，驰诏迎请，愿师慈念，速赴上京。"

　　师上表辞疾，愿终林麓。

注释：

①神龙元年上元日：神龙为唐中宗年号，正月十五日为上元。

②则天中宗：指太后武则天和唐中宗李显。

③安秀二师："安"指慧安国师，是弘忍的弟子，曾受到武则

天和唐中宗的重视。因常住嵩山，故又称"嵩山慧安"。《景德传灯录》卷四有传。"秀"指北宗神秀大师。

④一乘：即指佛乘，又作"一佛乘"、"一乘教"、"一乘究竟教"、"一乘法"、"一道"等。乘为"交通工具"之意，此处指成佛之教法。佛教教义乃唯一之真理，以其能教化众生悉皆成佛，故称为"一乘"。

译文：

唐中宗神龙元年正月十五日，太后武则天和唐中宗下诏说："我迎请嵩山慧安和荆南玉泉寺的神秀两位大师到宫里来，诚心供养。于日理万机之中，每有空暇，就向两位大师请教，研究佛法。两位大师十分谦让，都推举惠能大师。说：'南方有位惠能大师从五祖弘忍大师那里秘密得受了衣钵和教法，得传了佛法的心印，可以迎请他来宫中向他请教。'现在我派遣内侍薛简传达诏书来迎请大师，望大师慈悲为怀，立即赶赴京城。"

惠能大师上呈了表章，以身体有疾病为理由推辞了延请，并表示自己愿意永远生活于山林之中，直到终老。

薛简曰："京城禅德皆云：'欲得会道，必须坐禅习定；若不因禅定而得解脱者，未之有也。'未审师所说法如何？"

师曰："道由心悟，岂在坐也？经云：'若言如来若坐若卧，是行邪道。'何故？无所从来，亦无所去，无生无灭，是如来清净禅①；诸法空寂，是如来清净坐。究竟无证，岂况坐耶？”

简曰：“弟子回京，主上必问。愿师慈悲，指示心要，传奏两宫，及京城学道者。譬如一灯，然百千灯，冥者皆明，明明无尽。”

师云：“道无明暗，明暗是代谢之义。明明无尽，亦是有尽，相待立名。故《净名经》云：‘法无有比，无相待故。’”

简曰：“明喻智慧，暗喻烦恼。修道之人，倘不以智慧照破烦恼，无始生死，凭何出离？”

师曰：“烦恼即是菩提，无二无别。若以智慧照破烦恼者，此是二乘见解，羊鹿等机②；上智大根，悉不如是。”

简曰：“如何是大乘见解？”

师曰：“明与无明③，凡夫见二；智者了达，其性无二。无二之性，即是实性。实性者，处凡愚而不减，在贤圣而不增；住烦恼而不乱，居禅定而不寂。不断不常，不来不去，不在中间，及其内外。不生不灭，性相如如，常住不迁，名之曰道。”

简曰：“师说不生不灭，何异外道？”

师曰：“外道所说不生不灭者，将灭止生，以生显灭，灭犹不灭，生说不生。我说不生不灭者，本自无生，今亦不灭，所以不同外道。汝若欲知心要，但一切善恶，都莫思量，自然得入清净心体，湛然常寂，妙用恒沙。"

简蒙指教，豁然大悟。礼辞归阙，表奏师语。

注释：

①如来清净禅："如来禅"的简称，《楞伽经》所说"四种禅"之一。由如来直传之禅或如来所得之禅定，即入于如来地，证得圣智三种乐，为利益众生而示现不思议之广大妙用者。另也是"五种禅"（五味禅）之一。宗密将禅分为五种，其中"最上乘禅"称为如来清净禅（略称"如来禅"），又称"一行三昧"、"真如三昧"。此禅之旨趣，系顿悟自心本来清净无有烦恼，具足无漏之智性，且此种清净心与佛无异，此心即佛。

②二乘见解，羊鹿等机：二乘即指声闻乘与缘觉乘。羊、鹿指羊车和鹿车。这里指二乘发心度化的众生较少。详见第七品"三车"注。

③明与无明：明，是智慧、学识。因此，"无明"的语意就是无智。无明是烦恼之别称，即不如实知见，暗昧事物之意。

译文：

薛简说："京城里的禅师大德都说：'想要领会佛道，必须要坐禅习定；如果不凭藉修禅习定而能够得到解脱，这样的人还没出现过。'不知道大师您所讲说的教法是什么样子的？"

惠能大师说："得成佛道要靠自心开悟，怎么会是在于长期打坐呢？佛经上说：'如果说佛似乎在坐或似乎在卧，那么就是在修行邪道。'这是什么原因呢? 既没有所来之处,也没要去的地方,没有生成也没有毁灭,这是佛的清净禅;一切事物现象虚幻空寂,这是佛的清净坐。最终的究竟解脱是没有办法印证的,更何况长期打坐。"

薛简说:"弟子我回到京城,太后皇上必然问起大师的教法心要,希望大师慈悲为怀,给我指点开示要旨心得,我好表奏太后皇上两宫,以及京城参学佛道的人士。这好比一盏灯点燃千百万盏灯,晦暗都得到光明。灯灯光明没有穷尽。"

惠能大师说:"佛道没有光明黑暗的区分,光明和黑暗的意义是相互代谢,互为依存。说光明处处没有尽头,其实也终究是有尽头的。光明和黑暗二者是互为对立、互为条件一对概念范畴。所以《净名经》说:'佛法没有事物可与比拟,没有事物可以与之相对应的。'说的就是这个道理。"

薛简说:"光明比喻智慧,黑暗比喻烦恼。修行佛道的人如果不用智慧观照破斥烦恼,无始以来的生死靠什么来超离呢? "

惠能大师说:"烦恼就是菩提,不是两种东西,它们本质相同,没有分别。如果要用智慧观照破斥烦恼,那这就是声闻和缘觉二乘的见解,是《法华经》上说的乘坐羊车和鹿车的人的见解;有上智和大根器的人,都不是这样理解的。"

薛简说:"什么是大乘的见解呢? "

惠能大师说:"光明智慧和愚迷黑暗,凡夫俗子看到的是两种东西的不同性质;智慧了达的人则明白他们在本质上是没有区别的。这种没有区别、平等一致的本性就是真实佛性。真实佛性,处于凡俗愚迷境地时不会减少,处于贤明圣达的境地时不会增加；处于烦恼中而不散乱，处于禅定中而不寂灭。没有断绝没有永恒，没有来处没有去处，也不停留在中间状态，也不存在于内部和外部。没有生成和毁灭，本性和相状真实如一，永恒存在没有变化，叫做佛道。"

薛简说："大师所说的没有生成和毁灭，与外道有什么不同之处？"

惠能大师说："外道所讲的没有生成毁灭，是用毁灭来止断生成，用生成来显示毁灭，这种毁灭等于没有毁灭，生成也可以说没有生成。我说的没有生成没有毁灭，是本来就没有生成，现在也不存在毁灭，所以是与外道不同的。你如果想要知道心得要旨，只要一切善和恶都不去思维度量它，自然而然悟入清净本心，湛然明净，永恒静寂，其妙用之多，犹如恒河之沙。"

薛简受到了指点教化，豁然开悟。礼敬辞别惠能大师而回归宫中，上表报奏了惠能大师的教说。

其年九月三日，有诏奖谕师曰："师辞老疾，为朕修道，国之福田。师若净名，托疾毗耶①，阐扬大乘，传诸佛心，谈不二法。薛简传师指授如来知见，朕积善余庆，宿种善根，值师出世，顿悟上乘，感荷师恩，顶戴无已。并奉磨衲袈裟②，及水晶钵，敕韶州刺史修饰寺宇，赐师旧居为国恩寺。"

注释：

①毗耶：即是毗耶离城，乃维摩诘居士之居处。

②磨衲袈裟：袈裟之一种。相传乃高丽所产，以极精致之织物制成。磨，即指紫磨，属于绫罗类。

译文：

这一年的九月三日，朝廷下诏褒奖赞誉惠能大师，说："大师以年老多病辞去召请，一心修行佛道，这是国家的福报啊。大师就如同维摩诘居士一样，推脱有病而居住于毗耶离城中，从而大力弘扬大乘佛法，传授一切佛的心印，宣讲佛性平等无二的教法。薛简已经上表奏明了大师所传授的佛智见解，往昔积累的善行使我有了今天的福报，是前世种下的善根，正逢大师出世行化，令我立刻顿悟佛法上乘。承受大师的恩泽，十分感激，致礼不已。同时奉送磨衲袈裟和水晶钵，命令韶州刺史维修整饰寺庙殿宇，赐名大师的旧居为国恩寺。"

付嘱品第十

本品主要记叙的是惠能临终说法的内容，是惠能对自己禅法的总结和概述。惠能先举出阴、界、入三科法门，即五阴、十二入、十八界，目的在于破除我执。接着以三十六对法阐明佛教中道观。经中强调了"出没即离两边"、"外于相离相，内于空离空"、"二道相因，生中道义"等禅宗宗旨。记载了惠能自知不久灭度，敦促建造墓塔，与徒众说"真假动静偈"。在回答弟子所询问衣钵传授之事时，指明今后世人当以《坛经》为正法，善自护持。还向众弟子讲解了一相三昧、一行三昧。预示了圆寂后会出现有人来盗取首级的劫难，开示了众人禅宗传授禅宗心印的法统及历代祖师的谱系。并再次强调了明心见性、自性真佛的宗旨。最后交代了一些惠能大师灭度后，弟子们处理善后的事情。

师一日唤门人法海、志诚、法达、神会、智常、智通、志彻、志道、法珍、法如等，曰："汝等不同余人，吾灭度后①，各为一方师。吾今教汝说法，不失本宗。

"先须举三科法门②，动用三十六对，出没即离两边。说一切法，莫离自性。忽有人问汝法，出语尽双，皆取对法，来去相因。究竟二法尽除③，更无去处。

"三科法门者，阴界入也。阴是五阴，色、受、想、行、识是也。入是十二入，外六尘，色、声、香、味、触、法，内六门，眼、耳、鼻、舌、身、意是也。界是十八界，六尘、六门、六识是也。自性能含万法，名含藏识。若起思量，即是转识④。生六识，出六门，见六尘，如是一十八界，皆从自性起用。

注释：

①灭度：即涅槃、圆寂、迁化之意。通过修行而灭障度苦，证得果位，也就是永灭因果，开觉证果。

②三科：指"五蕴"、"十二处"和"十八界"，或译"五阴"、"十二入"、"十八界"。从这三方面观察人及世界，依愚夫迷悟之不同情况，破除我执，从而认识"无我"之理。

③二法：分诸法为二种。或分为色、心，或分为染、净，有为、无为，有漏、无漏等。与"二相"意思相同。

④转识：转，意即转变、改转。唯识家认为在"八识"之中，除第八识外，其余的眼、耳、鼻、舌、身、意、末那等"七识"都称为"转识"。此"七识"总称为"七转识"、"前七转"等。前七识以阿赖耶识为所依，缘色、声等境而转起，能改转苦、乐、舍等"三受"，转变善、恶、无记等"三性"，故称为"七转识"。

译文：

一天，惠能大师叫来了弟子法海、志诚、法达、神会、智常、智通、志彻、志道、法珍、法如等，对他们说："你们几个和其他人不一样，等我去世以后，你们各自要作教化一方的宗师。我现在教你们应当如何说法，才不会失去本宗宗旨。

"说法时首先必须列举出三科法门，使用三十六对相对法，言语一经说出口就要脱离两端，不落实处。讲说一切法的时候均不能离开自性。若突然有人问你佛法，说出来的话语要全部是对应成双的，全部要取相对的方法，言语来去要前后相应、互为因果。最后把生灭、有无二法全部扫除干净，再没有什么可以落执的处所。

"三科法门，就是阴、界、入。阴是五阴，即色、受、想、行、识。入就是十二入，就是身外六尘：色、声、香、味、触、法，身内六门：眼、耳、鼻、舌、身、意。界是十八界，就是六尘、六门和六识。自我本性能够含藏一切事物和现象，这叫做含藏识。如果生起分别思量，就是转识。生起眼识、耳识、鼻识、舌识、身识、意识这六识，六识通过眼、耳、鼻、舌、身、意六门认识了色、声、香、味、触、法六尘，这样就是十八界，全部是从自性中生起和产生作用的。

"自性若邪，起十八邪；自性若正，起十八正。若恶用即众生用，善用即佛用；用由何等，由自性有。

"对法外境，无情五对：天与地对，日与月对，明与暗对，阴与阳对，水与火对，此是五对也。

"法相语言十二对[①]：语与法对，有与无对[②]，有色与无色对，有相与无相对[③]，有漏与无漏对[④]，色与空对[⑤]，动与静对，清与浊对，凡与圣对，僧与俗对，老与少对，大与小对，此是十二对也。

"自性起用十九对:长与短对,邪与正对,痴与慧对,愚与智对,乱与定对,慈与毒对,戒与非对,直与曲对,实与虚对,险与平对,烦恼与菩提对,常与无常对,悲与害对,喜与嗔对,舍与悭对,进与退对,生与灭对,法身与色身对,化身与报身对,此是十九对也。"

师言:"此三十六对法,若解用,即道贯一切经法,出入即离两边。"

注释:

①法相:指诸法所具本质之相状(体相),或指其意义内容(义相)。概括一切有生灭变化的现象,也包括永恒的无生灭变化的现象。

②有与无对:有,即存在、生存的意思,用于显示诸法的存在,又有实有、假有、妙有等之别。如三世实有;因缘和合而生即假有;圆成实性其体遍常而无生灭,所以说是妙有。无,即与"有"相对,意谓非存在。佛教认为所谓"有"或"无"之二边(即'偏有'或'偏无'之一方)皆为谬误;唯有超越"有"与"无"之相对性,始属绝对之真如。

③有相与无相对:"有相"和"无相"是对称。有相,系指差别有形之事相。又具有生灭迁流之相者,亦称。无相,则指一切诸法无自性,本性为空,无形相可得。

④有漏与无漏对:"漏"乃流失、漏泄之意;为"烦恼"之异名。人类由于烦恼所产生之过失、苦果,使人在迷妄的世界中流转不停,难以脱离生死苦海,故称为"有漏";若达到断灭烦恼之

境界,则称为"无漏"。

⑤色与空对:色,为物质存在之总称。空,意译"空无"、"空虚"、"空寂"、"空净"、"非有",指一切存在之物中,皆无自体、实体、我等。

译文:

"自性如果邪恶执迷,就会生起十八种邪念;自性如果端正,就会生起十八种正念。恶念起用就是众生之用,善念起用就是佛之用;被恶念所用还是被善念所用,这由什么来决定,都是由自性决定其所用。

"所谓三十六对法,外界无情的事物有五对:天与地相对,太阳和月亮相对,光明与黑暗相对,阴和阳相对,水和火相对,这是无情的五对。

"事物的本性、相状和语言方面有十二对:语言与佛法相对、有与无相对、有色与无色相对、有相与无相相对、有漏与无漏相对、色与空相对、动与静相对、清澈与浑浊相对、凡人与圣人相对、僧人与俗人相对、老与少相对、大与小相对,这是法相语言的十二对。

"自性中生起的作用有十九对:长与短相对、邪见与正见相对、愚痴与聪慧相对、愚笨与智慧相对、乱与定相对、慈悲与毒害相对、戒与非相对、直与曲相对、真实与虚妄相对、险与平相对、烦恼与菩提相对、常与无常相对、悲与害相对、欢喜与嗔怒相对、施舍与吝啬相对、前进与后退相对、生起与寂灭相对、法身与色身相对、化身与报身相对,这是自性起用的十九对。"

惠能大师说:"这三十六对相对法的教法,如果能够理解运用,就能贯通一切佛法与经典,与人交谈时,进退都能不执两边、脱离两个极端。"

　　"自性动用,共人言语,外于相离相,内于空离空。若全著相,即长邪见。若全执空,即长无明。执空之人有谤经,直言不用文字。既云不用文字,人亦不合语言;只此语言,便是文字之相。又云,直道不立文字,即此不立两字,亦是文字。见人所说,便即谤他言著文字,汝等须知自迷犹可,又谤佛经;不要谤经,罪障无数。

　　"若著相于外,而作法求真;或广立道场,说有无之过患,如是之人,累劫不得见性。但听依法修行,又莫百物不思,而于道性窒碍。若听说不修,令人反生邪念。但依法修行无住相法施。汝等若悟,依此说,依此用,依此行,依此作,即不失本宗。

　　"若有人问汝义,问有将无对,问无将有对;问凡以圣对,问圣以凡对。二道相因①,生中道义②。

　　"如一问一对,余问一依此作,即不失理也。设有人问:何名为暗?答云:明是因,暗是缘,明没即暗。以明显暗,以暗显明,来去相因,成中道义。余问悉皆如此。汝等于后传法,依此转相教授,勿失宗旨。"

注释:

①二道：指相对的两个方面,如"有"与"无","凡"与"圣"。

②中道：即离开二边之极端、邪执,为一种不偏于任何一方之中正之道。又作"中路",或单称"中"。中道系佛教之根本立场。

译文:

"自性启动并生发作用的时候,和别人一起言论,对外在事物不执著它的相状,对内在心念不执著于空无。如果全部执著于外在的相状,就增长邪见。如果执著于空无,就增长无明愚痴。执著虚妄空无的人常常会诽谤佛教经典,说不需要文字。既然说不需要文字,那么就不该有语言文字；只是这样的语言,就是落入文字之相。又说直行佛道要不立文字,就是'不立'这两个字,本身就是文字。看到别人所说的,就立刻诽谤别人的言语是执著于文字,你们知道自己愚迷也就罢了,还来诽谤佛经；千万不要诽谤佛经,那样的话,罪过障碍会多得无法计数。

"如果执著于外在境相,便会造作种种方法去求取佛道；或者广泛地建立道场,宣讲有无的得失,像这样的人,永远不能识见自己的本性。像这样的人要听从正法依止修行,还有不要什么都不想,而障碍佛道本性使之窒断。如果只是听说而不去修行,反而会使人生起邪念。所以必须依照佛法修行,不执著于相,并以此讲说佛法。你们如果能够开悟,依照这个讲说,依照这个运用,依照这个修行,依照这个作为,就不会迷失本门宗旨。

　　"如果有人问你佛法的意义,问有就用无来对,问无就用有来对;问凡人就用圣人来对,问圣人就用凡人来对。在对立二相的因缘转化中,持中道的本义。

　　"像这样一问一答,其余的问题也全部按照这样来作答,就不会失去中道教义。假设有人问什么是暗? 回答:光明是本源,黑暗是条件,光明消失则黑暗顿生。以光明来凸显黑暗,以黑暗来凸显光明,来去互为因果,成就中道意义。其余的提问全部都是这样解答。你们在以后的传法过程中,依据这个相互转告,相互教化指授,不要失去本门宗旨。"

　　师于太极元年壬子,延和七月①,命门人往新州国恩寺建塔,仍令促工。次年夏末落成。七月一日,集徒众曰:"吾至八月,欲离世间。汝等有疑,早须相问,为汝破疑,令汝迷尽。吾若去后,无人教汝。"

　　法海等闻,悉皆涕泣;惟有神会,神情不动,亦无涕泣。

　　师云:"神会小师②,却得善不善等,毁誉不动,哀乐不生。余者不得,数年山中,竟修何道? 汝今悲泣,为忧阿谁? 若忧吾不知去处,吾自知去处,吾若不知去处,终不预报于汝。汝等悲泣,盖为不知吾去处。若知吾去处,即不合悲泣。法性本无生灭去来,汝等尽坐,吾与汝说一偈,名曰《真假动静偈》。汝等诵取此偈,与吾意同;依此修行,不失宗旨。"

众僧作礼，请师说偈。偈曰：

　　一切无有真，不以见于真；
　　若见于真者，是见尽非真。
　　若能自有真，离假即心真；
　　自心不离假，无真何处真？
　　有情即解动，无情即不动；
　　若修不动行，同无情不动。
　　若觅真不动，动上有不动；
　　不动是不动，无情无佛种。
　　能善分别相，第一义不动；
　　但作如此见，即是真如用。
　　报诸学道人，努力须用意；
　　莫于大乘门，却执生死智。
　　若言下相应，即共论佛义；
　　若实不相应，合掌令欢喜。
　　此宗本无诤，诤即失道意；
　　执逆诤法门，自性入生死。

注释：

①"师于"二句：公元 712 年。这一年唐睿宗改元太极元年，五月又改元延和元年，唐玄宗即位后，又于当年八月改元先天元年。

②小师：系指受具足戒未满十年之僧人，若满十年则称

179

住位。

译文:

惠能大师在唐睿宗太极元年,即壬子年,也就是延和元年的七月,命令弟子前往新州国恩寺建塔,还命令人去催促施工。第二年夏天快结束的时候,塔建成竣工了。七月一日,惠能大师召集弟子门人,对他们说:"我到八月,将要离开人世。你们有什么疑问,要早点来问,我为你们破除疑惑,让你们愚迷尽除。我如果去世以后,就没有人再指导你们了。"

法海等弟子听说以后,全部都痛哭流涕;只有神会,神色表情丝毫没有变动,也没有哭泣流泪。

惠能大师说:"神会虽是个小禅师,却能得悟善与不善平等无差,不被诋毁称誉所动摇,不生起哀伤和喜乐。其他人都没能做到,十几年在山中修行,究竟修了什么道?你们现在悲伤哭泣,是为了谁忧伤?如果是伤心我不知往哪里去,其实我自己知道我的去处,我如果不知道去处,是不会向你们事先通报的。你们悲伤哭泣,都是因为不知道我的去处。如果知道我的去处,就不该悲伤。佛法本性本来没有生灭来去,你们都全部坐下,我给你们说一个偈,名称为《真假动静偈》。你们念诵听取这个偈,就能和我的心意相同;依照这个偈修行,就不会迷失宗门旨趣。"

所有僧人都行礼,请惠能大师作偈。偈子说:

　　　　一切无有真,不以见于真;

　　　　若见于真者,是见尽非真。

若能自有真，离假即心真；

自心不离假，无真何处真？

有情即解动，无情即不动；

若修不动行，同无情不动。

若觅真不动，动上有不动；

不动是不动，无情无佛种。

能善分别相，第一义不动；

但作如此见，即是真如用。

报诸学道人，努力须用意；

莫于大乘门，却执生死智。

若言下相应，即共论佛义；

若实不相应，合掌令欢喜。

此宗本无诤，诤即失道意；

执逆诤法门，自性入生死。

时，徒众闻说偈已，普皆作礼。并体师意，各各摄心，依法修行，更不敢诤。乃知大师不久住世，法海上座，再拜问曰："和尚入灭之后，衣法当付何人？"

师曰："吾于大梵寺说法，以至于今，抄录流行，目曰《法宝坛经》。汝等守护，递相传授，度诸群生。但依此说，是名正法。今为汝等说法，不付其衣。盖为汝等信根淳熟，决定无疑，堪任大事。然据先祖达磨大师，付授偈意，衣不合传。"偈曰：

吾本来兹土，传法救迷情[①]；

一华开五叶②,结果自然成。

注释:

①迷情:指迷惑之众生(有情)。

②一华开五叶:唐末五代时期,从青原行思一系之下形成了曹洞宗、云门宗和法眼宗;从南岳怀让一系之下形成沩仰宗和临济宗,这五个宗派被合称为"禅宗五家","五叶"即指这五个宗派。另一说五叶表示五代,指菩提达磨以下的慧可、僧璨、道信、弘忍和惠能五位禅宗祖师。

译文:

当时,弟子门人们听完了偈,全都行礼。并且各自体会惠能大师的意思,收拾本心,依照这个法门修行,不再相互争辩了。由于知道了惠能大师停驻人世的时间不多了,法海上座在此礼拜惠能大师,问道:"大师入灭之后,衣钵和教法应该传给谁?"

惠能大师说:"我在大梵寺说法,直到现在,所演说的内容已经被抄录下来并广为流布风行,其名目叫作《法宝坛经》。你们好好守护,次第相互流传指授,去度化人群众生。依照这个说法的就是真正的佛法。我现在为你们说法,不再付嘱袈裟,就是因为你们都已经信根淳熟,正定而没有疑惑,可以堪当弘法的大任了。而且根据祖师达磨大师付嘱所传授的偈子的含义,衣钵袈裟是不应该传下去的。"偈子说:

吾本来兹土,传法救迷情;

一华开五叶，结果自然成。

师复曰："诸善知识！汝等各各净心，听吾说法。若欲成就种智^①，须达一相三昧，一行三昧^②。若于一切处而不住相，于彼相中不生憎爱，亦无取舍，不念利益成坏等事，安闲恬静，虚融澹泊，此名一相三昧。若于一切处，行住坐卧，纯一直心，不动道场，真成净土，此名一行三昧。若人具二三昧，如地有种，含藏长养，成熟其实，一相一行，亦复如是。

"我今说法，犹如时雨，普润大地。汝等佛性，譬诸种子，遇兹沾洽，悉得发生。承吾旨者，决获菩提；依吾行者，定证妙果。听吾偈。"曰：

　　心地含诸种，普雨悉皆萌，

　　顿悟华情已，菩提果自成。

师说偈已，曰："其法无二，其心亦然。其道清净，亦无诸相。汝等慎勿观静，及空其心。此心本净，无可取舍，各自努力，随缘好去。"

尔时徒众作礼而退。

注释：

①种智：为"一切种智"之略称。即佛了知一切种种法之智慧。唯佛有一切种智，声闻、缘觉等仅有总一切智。

②一相三昧，一行三昧：禅定之名。"一相"指平等无差别

之真如相。"三昧"即将心定于一处（或一境）的一种安定状态。因此"一相三昧"指主观上对一切现象没有偏执，不生憎恨或爱意，也没有取舍之心，不念利益成坏等事，而能够安闲恬静，虚融澹泊。"一行三昧"的，与"一相三昧"的意义并无大区别，只是前者是从不执著与"相"上讲，后者是从不执著于禅修时的身体姿势上讲。

译文：

惠能大师又说："各位善知识！你们各自清净心念，听我讲说佛法。如果要成就佛的智慧，必须达到一相三昧和一行三昧。如果在一切境相之中而能不执著于一切境相，对于那些相状不生起憎恶爱欲，也没有取得和舍弃，不考虑利益关系、成功失败等事情，安闲恬静，虚融淡泊，这叫做一相三昧。如果在一切处所，行住坐卧，直了心性，不需要借助外在道场，当下成就真实净土，这叫做一行三昧。如果人具有这两个三昧，就如同大地中含有种子，经过孕含、蓄藏、生长和培养，果实得以成熟。一相三昧和一行三昧，也是这样。

"我现在说法，好像及时雨，普遍润泽大地。你们的佛性，好像一粒粒的种子，遇到时雨滋润都能发芽生长。继承我的宗旨的人，肯定能证获菩提智慧；依照我的教法修行的人，肯定能证悟佛道妙果。听我的偈吧。"偈说：

　　心地含诸种，普雨悉皆萌。

　　顿悟华情已，菩提果自成。

惠能大师说完偈，说："佛法不是二法，本心也是如此。佛道本是清净的，没有一切相状。你们千万要慎重，不要执著观静和空寂其心。本心原是本来清净的，没有取舍的，各自回去努力，随顺因缘好好去吧。"

当时弟子门人行礼后都退下了。

大师七月八日，忽谓门人曰："吾欲归新州，汝等速理舟楫。"

大众哀留甚坚。

师曰："诸佛出现，犹示涅槃，有来必去，理亦常然。吾此形骸，归必有所。"

众曰："师从此去，早晚可回？"

师曰："叶落归根，来时无口①。"

又问曰："正法眼藏，传付何人？"

师曰："有道者得，无心者通。"

又问："后莫有难否？"

师曰："吾灭后五六年，当有一人来取吾首。听吾记曰：头上养亲，口里须餐；遇满之难，杨柳为官②。"

又云："吾去七十年，有二菩萨③，从东方来，一出家，一在家，同时兴化，建立吾宗；缔缉伽蓝④，昌隆法嗣。"

问曰："未知从上佛祖应现已来，传授几代？愿垂开示。"

师云："古佛应世，已无数量，不可计也。今以七佛为始，过去庄严劫：毗婆尸佛、尸弃佛、毗舍浮佛。今贤劫：拘留孙佛、拘那含牟尼佛、迦叶佛、释迦文佛，是为七佛。已上七佛，今以释迦文佛首传：第一摩诃迦叶尊者，第二、阿难尊者，第三、商那和修尊者，第四、优波毱多尊者，第五、提多迦尊者，第六、弥遮迦尊者，第七、婆须蜜多尊者，第八、佛驮难提尊者，第九、伏驮蜜多尊者，第十、胁尊者，十一、富那夜奢尊者，十二、马鸣大士，十三、迦毗摩罗尊者，十四、龙树大士，十五、迦那提婆尊者，十六、罗睺罗多尊者，十七、僧伽难提尊者，十八、伽耶舍多尊者，十九、鸠摩罗多尊者，二十、阇耶多尊者，二十一、婆修盘头尊者，二十二、摩拏罗尊者，二十三、鹤勒那尊者，二十四、师子尊者，二十五、婆舍斯多尊者，二十六、不如蜜多尊者，二十七、般若多罗尊者，二十八、菩提达磨尊者，二十九、慧可大师，三十、僧璨大师，三十一、道信大师，三十二、弘忍大师，惠能是为三十三祖。从上诸祖，各有禀承。汝等向后，递代流传，毋令乖误。"

注释：

①来时无口：无口，即没有讲什么话，此即无法可说之意。禅宗强调传心法要，是要靠自证自悟的，佛也是以无言传教。这里是指六祖惠能一生都没说过什么法。

②"头上"四句：这是一个禅宗的故事。在开元十年（722），新罗僧人金大悲想取六祖惠能肉身舍利的头回国供奉，

就雇用了一名叫张净满的孝子去偷。张净满为金大悲办此事也是为了糊口和孝养父母。可是张净满不但无法成功盗取六祖的头,反而被官府捉拿归案。当时审问此案的县令名叫杨佩,州刺史名叫柳无忝。这个故事正好符合了这四句谶语。

③二菩萨:即指一出家、一在家的两位菩萨。其实这也是六祖圆寂前的悬记(预言)。但到底这两位菩萨指谁,有许多不同的说法。有人说出家的菩萨是指马祖道一禅师,在家菩萨则指庞蕴居士。也有说出家者为黄檗禅师,而在家者指的是裴休。胡适却认为另个悬记是《曹溪大师别传》的作者伪造的。

④伽蓝:全译为"僧伽蓝摩",又作"僧伽蓝",意译"众园";又称"僧园"、"僧院",意译为"园"。原指可供建设众僧居住之房舍(毗诃罗)的用地,后转为包括土地及建筑物的寺院总称。

译文:

七月八日,惠能大师忽然与弟子说:"我要回新州,你们赶快准备船只。"

弟子门人苦苦哀求,坚决挽留。

惠能大师说:"一切佛出现,都会指示涅槃,有来就会有去,道理本应就是这样。我这具躯体形骸,也该回去了。"

弟子们说:"大师从今天走了以后,早晚还会回来吗?"

惠能大师说:"落叶归根,我一生没有讲什么话。"

弟子又问:"佛教正法,大师将传授交付给哪一个?"

惠能大师说:"证悟了佛道的人会得到,无执著心的人会通达领会。"

弟子又问:"以后是不是会有劫难啊?"

惠能大师说:"我去世后五六年,应该会有一个人前来取我的首级。听我的偈记:头上养亲,口里需餐。遇满之难,杨柳为官。"

惠能大师又说:"我去世后七十年,有两位菩萨,从东方来,一位是出家僧人,一位是在家居士,他们同时大兴教化,建立宗派;修建寺庙,昌盛兴隆佛法宗门。"

弟子们问:"不知从最初佛祖应身现化以来,已经共计传授了多少代?希望大师给予开示。"

惠能大师说:"从远古的佛应身出世,已经无数无量,不可计算了。现在就以七佛为开始吧,在过去世的庄严劫中:有毗婆尸佛、尸弃佛、毗舍浮佛。今贤劫:拘留孙佛、拘那含牟尼佛、迦叶佛、释迦文佛,这是被称作七佛的。以上的七佛,现在以释迦牟尼佛为首传,依次传递:第一、摩诃迦叶尊者,第二、阿难尊者,第三、商那和修尊者,第四、优波毱多尊者,第五、提多迦尊者,第六、弥遮迦尊者,第七、婆须蜜多尊者,第八、佛驮难提尊者,第九、伏驮蜜多尊者,第十、胁尊者,十一、富那夜奢尊者,十二、马鸣大士,十三、迦毗摩罗尊者,十四、龙树大士,十五、迦那提婆尊者,十六、罗睺罗多尊者,十七、僧伽难提尊者,十八、伽耶舍多尊者,十九、鸠摩罗多尊者,二十、阇耶多尊者,二十一、婆修盘头尊者,二十二、摩拏罗尊者,二十三、鹤勒那尊者,二十四、师子尊者,二十五、婆舍斯多尊者,二十六、不如蜜多尊者,二十七、般若多罗尊者,二十八、菩提达磨尊者,二十

九、慧可大师，三十、僧璨大师，三十一、道信大师，三十二、弘忍大师，惠能就是三十三祖。从以上各位祖师，都各有禀受继承。你们今后一代一代的传授流布下去，不要有讹误。"

大师先天二年癸丑岁①，八月初三日，于国恩寺斋罢②，谓诸徒众曰："汝等各依位坐，吾与汝别。"

法海白言："和尚留何教法，令后代迷人得见佛性？"

师言："汝等谛听，后代迷人，若识众生，即是佛性；若不识众生，万劫觅佛难逢。吾今教汝识自心众生，见自心佛性。欲求见佛，但识众生，只为众生迷佛，非是佛迷众生。自性若悟，众生是佛；自性若迷，佛是众生。自性平等，众生是佛；自性邪险，佛是众生。汝等心若险曲，即佛在众生中。一念平直，即是众生成佛。我心自有佛，自佛是真佛。自若无佛心，何处求真佛？汝等自心是佛，更莫狐疑。外无一物而能建立，皆是本心生万种法。故经云：'心生种种法生，心灭种种法灭。'吾今留一偈，与汝等别，名自性真佛偈。"后代之人，识此偈意，自见本心，自成佛道。"
偈曰：

真如自性是真佛，邪见三毒是魔王。

邪迷之时魔在舍，正见之时佛在堂。

性中邪见三毒生，即是魔王来住舍。

正见自除三毒心，魔变成佛真无假。

法身报身及化身，三身本来是一身。
若向性中能自见，即是成佛菩提因。
本从化身生净性，净性常在化身中。
性使化身行正道，当来圆满真无穷。
淫性本是净性因，除淫即是净性身。
性中各自离五欲，见性刹那即是真。
今生若遇顿教门，忽悟自性见世尊。
若欲修行觅作佛，不知何处拟求真？
若能心中自见真，有真即是成佛因。
不见自性外觅佛，起心总是大痴人。
顿教法门今已留，救度世人须自修，
报汝当来学道者，不作此见大悠悠。

注释：

①先天二年：先天是唐玄宗之年号，先天二年即公元713年，是年十二月始改元开元。

②国恩寺：又名"龙山寺"，唐朝时建于广西肇庆府新兴县南思龙山。

译文：

唐玄宗先天二年，八月初三，惠能大师在国恩寺用完斋后，告诉所有弟子门人说："你们各自按位子坐好，我跟你们道别。"

法海说："大师留下什么教法，让后代愚迷的人们能得以识见佛性？"

　　惠能大师说："你们仔细听好，后代愚迷的人，如果识见众生，就是识见佛性；如果不识见众生，永远寻佛却终难求到。我现在教你们如何识见自心众生，识见自心佛性。要想求得识见佛，只有识见众生，因为是众生不能识见于佛，不是佛不得识见众生。自我本性如果开悟得见，众生都是佛；自我本性如果执迷不悟，那么佛就是众生。自我心性平等无二，众生是佛；自我心性邪恶危险，那么佛是众生。你们的心如果险曲不正，那就是佛沦于众生之中。如果一念平等正直，那就是众生就都成佛了。我的本心中本自有佛，自性之佛才是真佛。自心中如果没有佛心，到那里去求真佛？你们的自己的本心就是佛，不要再怀疑了。自心之外面没有一物能够建立，因为万事万物都是本心所生发。所以佛经中说：'心生种种法生，心灭种种法灭。'我今天留一个偈，和你们作别，这个偈叫做自性真佛偈。后代的人识见这个偈的真意，自己识见本心，自我成就佛道。"偈中说道：

　　　　真如自性是真佛，邪见三毒是魔王。

　　　　邪迷之时魔在舍，正见之时佛在堂。

　　　　性中邪见三毒生，即是魔王来住舍。

　　　　正见自除三毒心，魔变成佛真无假。

　　　　法身报身及化身，三身本来是一身。

　　　　若向性中能自见，即是成佛菩提因。

　　　　本从化身生净性，净性常在化身中。

　　　　性使化身行正道，当来圆满真无穷。

淫性本是净性因,除淫即是净性身。

性中各自离五欲,见性刹那即是真。

今生若遇顿教门,忽悟自性见世尊。

若欲修行觅作佛,不知何处拟求真?

若能心中自见真,有真即是成佛因。

不见自性外觅佛,起心总是大痴人。

顿教法门今已留,救度世人须自修,

报汝当来学道者,不作此见大悠悠。

师说偈已,告曰:"汝等好住,吾灭度后,莫作世情悲泣雨泪,受人吊问,身著孝服,非吾弟子,亦非正法。但识自本心,见自本性,无动无静,无生无灭,无去无来,无是无非,无住无往。恐汝等心迷,不会吾意,今再嘱汝,令汝见性。吾灭度后,依此修行,如吾在日。若违吾教,纵吾在世,亦无有益。"复说偈曰:

兀兀不修善①,腾腾不造恶②,

寂寂断见闻③,荡荡心无著④。

师说偈已,端坐至三更,忽谓门人曰:"吾行矣!"奄然迁化⑤。

于时异香满室,白虹属地,林木变白,禽兽哀鸣。

注释:

①兀兀不修善:指岿然不动,连善也不追求。兀兀,即高大

不动的样子。

②腾腾不造恶：指逍遥自在却不有意去做坏事。腾腾，自在无所为的样子。

③寂寂断见闻：指宁静寂寥无见无闻。寂寂，安静祥和的样子。

④荡荡心无著：胸中坦荡无念无求。荡荡，心中平平坦坦而无所住。

⑤迁化：迁者迁移，化者化灭，通谓人之死。在佛教指僧侣之示寂。或谓有德之人于此土教化众生之缘已尽，而迁移于他方世界度化众生。与涅槃、圆寂、灭度、顺世、归真等同义。

译文：

惠能大师说完偈以后，告诉大家："你们住留世间、好好珍重，我去世之后，不要像世间人那样的悲伤哭泣，泪如雨下，接受别人的吊唁慰问，身穿孝服，这样不是我的弟子，也不合真正的佛法。只要识见自我本心本性，没有动也没有静，没有生起也没有毁灭，没有来也没有去，没有是也没有非，没有住也没有往。我担心你们迷误，不能体会我的真意，现在再次叮嘱你们，让你们识见本心。我去世后，依照这个修行，就好像我在的时候一样。如果违背了我的教法，纵然我在世，也没有什么益处。"再说偈：

　　　　兀兀不修善，腾腾不造恶，

　　　　寂寂断见闻，荡荡心无著。

惠能大师说完偈以后，端坐着直到三更天，忽然告诉弟子门人说:"我去了!"便溘然长逝。

当时奇异的香味溢满室内,一道白虹接天贯地,山林树木霎时变白,禽鸟野兽鸣叫哀嚎。

十一月,广、韶、新三郡官僚,洎门人僧俗,争迎真身[1],莫决所之。乃焚香祷曰:香烟指处,师所归焉。

时香烟直贯曹溪。

十一月十三日,迁神龛并所传衣钵而回。

次年七月出龛,弟子方辩以香泥上之。

门人忆念取首之记,仍以铁叶漆布[2],固护师颈入塔;忽于塔内白光出现,直上冲天,三日始散。

韶州奏闻,奉敕立碑,纪师道行。师春秋七十有六,年二十四传衣,三十九祝发[3],说法利生,三十七载。嗣法四十三人,悟道超凡者莫知其数。达磨所传信衣,中宗赐磨衲宝钵,及方辩塑师真相,并道具,永镇宝林道场。留传《坛经》,以显宗旨,兴隆三宝,普利群生者。

注释:

①真身:这里指六祖惠能的肉身舍利。

②铁叶漆布:惠能的弟子们想到有人会来偷去其头的预言,所以就用铁皮和漆布把惠能肉身颈项的部分牢牢的包裹起来。

③祝发:与剃发、薙发同,即出家落发之谓。祝,切断之意。

译文：

十一月，广州、韶州、新州三州的官员僚属，以及惠能的门人弟子、僧人、俗人，都争着要迎取惠能大师的真身回去供奉，一时间不能决定给谁。于是就烧香祷告说道：香的烟所飘向的地方就是惠能大师所要归去的处所。

当时香烟直飘往曹溪山的方向。

十一月十三日，惠能大师的神位遗体以及所传下来的衣钵都被搬迁回了曹溪山。

第二年七月，惠能大师的肉身遗体被搬出神龛，弟子方辩用香泥包裹了遗体。

弟子门人想着有人要盗取惠能大师首级的事情，于是便先用薄铁片和漆布，加固保护惠能大师的脖子，然后才请入墓塔内。忽然墓塔里面有白色光芒出现，直接冲上天空，三天后才散去。

韶州刺史将惠能大师的事迹上奏皇上后，奉命给惠能大师树立石碑，以纪录大师道行。大师享年七十六，二十四岁得传法衣，三十九岁剃度出家，讲说佛法，惠施众生，共三十七年。得到大师亲传的弟子四十三人，因大师指点悟道超离凡尘的人不计其数。达磨大师所传的表信袈裟，唐中宗所赐予的磨衲袈裟和水晶钵，以及方辩为惠能大师所塑的真相以及佛法用具等等，永远镇守宝林寺道场。《法宝坛经》广为流布，显扬顿教宗门旨意，兴盛昌隆佛、法、僧三宝，普遍利化一切众生。

延伸阅读书目

丁福保编纂:《佛学大辞典》。北京:文物出版社,2002 年。

任继愈主编:《佛教大辞典》。南京:江苏古籍出版社,
2003 年。

星云大师监修,慈怡主编:《佛光大辞典》。北京:北京图
书馆出版社,2004 年。

王月清:《六祖坛经》。南京:江苏古籍出版社,2002 年。

郭朋:《坛经校释》。北京:中华书局,1983 年。

潘桂明:《坛经全译》。成都:巴蜀出版社,2000 年。

魏道儒:《白话坛经》。西安:三秦出版社,1992 年。

杨曾文:《敦煌新本六祖坛经》。上海:上海古籍出版社,
1993 年。

蓝吉富主编:《中华佛教百科全书》。台南:中华佛教百科
文献基金会,1994 年。